Mis Santos Alumnos
Aventuras del Aprendizaje Feliz

Dr. Alejandro Ríos Cintrón

Copyright © 2022 Dr. Alejandro Ríos Cintrón

Todos los derechos reservados.

ISBN: 9798784304636

DEDICATORIA

Dedico este libro a mis padres Mario y Matilde, mis maestros de toda la vida, a mi hermano Lucas, compañero de aprendizaje contínuo, a todos mis santos alumnos...y al Maestro Jesús, cuya voz escuchamos sus discípulos y le seguimos.

CONTENIDO

	Agradecimientos	i
	PRÓLOGO	ii
1	LA MONEDA DEL ENTUSIASMO	1
2	LA ORQUESTA	15
3	EL PRONTUARIO NO VA	28
4	LA TECNOLOGÍA EDUCATIVA DEL SIGLO XXI: EL TRABAJO EN EQUIPO	39
5	TODOS PUEDEN APRENDER	53
6	¡VAMOS A AVERIGUAR!: EL APRENDIZAJE POR INVESTIGACIÓN	61
7	¿CÓMO USTED SE LO EXPLICARÍA A ALGUIEN QUE **NO** SEA DE SU CONCENTRACIÓN?	68
8	¡VAMOS A ESCUCHAR!	72
9	LA LEY DEL 90/10	80
10	VEO ESTUDIANTES DE A	88

AGRADECIMIENTOS

Agradezco a todos mis profesores y maestros que a lo largo de las décadas han dejado su huella en mí para que hoy yo pueda pasar sus enseñanzas a mis santos alumnos. Espero poder honrarles siempre en mi práctica docente.

PRÓLOGO

La redacción del prólogo de un libro implica una gran responsabilidad. Es vía de publicidad para la obra prologada y a su vez se convierte en recurso motivador para el lector de la misma. Por la importancia de la obra que prologo a continuación, yo lo veo como un honor que aviva en mí un gran orgullo y una feliz satisfacción.

La vida otorga el privilegio de muchas experiencias ricas y variadas. Una de ellas, establecer lazos con el prójimo, con los demás seres humanos que nos rodean en este amplio universo maravilloso. Los lazos fructíferos se convierten en puentes de amistad, respeto y aprecio. Es esa la experiencia que me une al Dr. Alejandro Ríos Cintrón y a su familia. Tanto sus padres, los doctores Matilde Cintrón y Mario Ríos, como su hermano Lucas, quien fue uno de mis mejores alumnos en cursos de Lengua y Literatura en la Universidad Interamericana, Recinto Metropolitano, son sin duda alguna parte de esos lazos memorables, de esos puentes de comunicación viva que nos regala El Hacedor de la existencia. La obra **Mis santos alumnos** que nos motiva a redactar este prólogo, es de la autoría del Dr. Alejandro Ríos Cintrón. Un libro que constituye un testimonio del perfil de quien lo escribe. Proyecta su pasión y compromiso entrañable con la educación y con sus alumnos.

El emblemático título que emana del alma del autor y a lo largo de la lectura se reitera en sus ejemplos, nos lleva a la concienciación de que la letra es vida. La lectura se convierte en un recorrido emotivo y hermoso del devenir de un educador genuino y agradecido de Dios por su profesión, por su vocación: Enseñar.

Los relatos contienen la plasticidad de una obra pictórica y vemos los rostros reales de muchos de sus mentores y gestores del Alejandro profesor. Fue gratificante reencontrarme en las páginas de esta noble obra con colegas que ya no están con nosotros o que se han acogido al jubiloso retiro: Myrna Reyes, Mary Williams, Félix Cué, entre algunos compañeros de cátedra en Inter Metro.

Los ejemplos narrados con magníficos detalles se engranan como piezas de un cuadro cronológico que presenta desde un educador en ciernes, cuando ejerce como tutor de inglés, hasta el excelente profesor de contabilidad, finanzas y *emprendedorismo* que es modelo para sus alumnos. Nos encontramos ante un libro estimulante que nos llena de gozo, como indica el mismo autor: "Así que para asegurar que ese entusiasmo esté presente, debo discar su número: El júbilo en el salón."

El autor, Dr. Alejandro Ríos ha orquestado atinadamente esta obra. Él mismo nos comparte su receta para lograr el éxito de cada estudiante en sus clases. Un compendio de técnicas asertivas, creativas y marcadas con el sello indeleble del amor y el compromiso con cada ser humano que se cruza en su camino como dádiva generosa de Dios. Cito al autor:

"El Dr. Alejandro Ríos Cintrón, no descuenta puntos, sino que cuenta puntos."

"Yo soy un currículo para mis alumnos y ellos son un currículo para mí."

"Pasé de cubrir el contenido a descubrir el contenido."

"Tuve que bajarme del podio."

Las expresiones citadas son reflejo no solo de la sabiduría de un docente joven y enérgico, sino de un ser sensible, respetuoso y solidario. De un líder convincente de alto calibre moral y humano. ¡Un ser que mueve a sus alumnos a sentir el gozo de aprender porque él vive el júbilo de enseñar!

Este compromiso y entrega, este entusiasmo y pasión no

discriminan si el alumno es un niño, un adolescente, un hombre o una mujer universitarios; un virtuoso o un alumno rezagado. Sus proyectos lo hacen feliz y provoca igualmente la felicidad de sus congéneres y de sus colegas a lo largo de diversos recintos de la Interamericana. Sus testimonios y experiencias se hacen principios pedagógicos útiles y son recursos claves para todos los procesos de enseñanza, negociación y salud fiscal, ética e ingeniería creativa.

Atesoro esta lectura porque su autor me confirma de manera esperanzadora que hemos caminado por buen norte y que nuestros alumnos y jóvenes profesionales conocen el camino correcto para tocar las estrellas y con su inspiración llevan a otros igualmente a alcanzarlas.

Recomiendo la lectura de esta obra y que se mantenga un registro de las valiosas ideas y experiencias compartidas entre las páginas de este libro. Menciono solo tres que calaron mi ser y que pondré en práctica:

1. Explicar con el corazón jubiloso, no solo con la mente.
2. Desarrollar el pensamiento transversal y complejo a la luz de ejemplos y analogías sencillas y prácticas integradoras de múltiples saberes.
3. Aplicar la Ley 90/10 en todos los procesos para formar, transformar y conformar.

¡Enhorabuena Dr. Alejandro Ríos Cintrón por tan extraordinaria publicación! Lo conocemos bien y estamos convencidos de que esta obra es solo el inicio de grandes y gratos proyectos que se acercan. Bendiciones abundantes.

Dra. Yasmine Cruz Rivera
Catedrática
Recinto Metropolitano
Universidad Interamericana de Puerto Rico

1 LA MONEDA DEL ENTUSIASMO

Presentadora: "Muy buenas noches, ¿cómo la están pasando?"

(risas del público)

Presentadora: "¿Les gustó lo que presentamos ahí?"

Público: (entre risas) "¡Síííí!"

Presentadora: "¡Muy bien, más vale!" (se ríe)

En aquella feliz noche navideña de 2019, este fue el comienzo de la reflexión de una niña de 10 años frente al público compuesto por niños, padres, maestros, estudiantes universitarios, profesores y decanos del Recinto de Barranquitas de la Universidad Interamericana de Puerto Rico. Lo más hermoso es que estas palabras fueron parte de la actividad de cierre del *Proyecto Cultura de Emprendimiento en la Niñez de MusiFeliz y la Inter*, iniciativa en la cual decenas de jóvenes universitarios se prepararon y llevaron a cabo clínicas de emprendimiento en la biotecnología agrícola (micropopagación) a 500 niños de PreKinder a 7mo grado.

La niña, con pleno dominio escénico, invitaba al público a sentir con ella el disfrute vivido en la experiencia de los pasados meses con MusiFeliz y la Inter. Niños y adultos reíamos con las ocurrencias espontáneas de la hábil presentadora de quinto grado de la Escuela José N. Colón de Barranquitas, o como cariñosamente se le conoce, la escuelita de la comunidad "El Portón". Con cada comentario envuelto en una sonrisa genuina, la alumna barranquiteña se pronunciaba emplazando a los educadores en la audiencia a servir el plato escolar en la vajilla del júbilo.

El mayor recurso con el que un líder cuenta (sea un educador, emprendedor, servidor público, padre, entre otros) es el entusiasmo de su gente. Por lo tanto, como maestro, mis aciertos y desaciertos han respirado el oxígeno del entusiasmo de mis alumnos. Más allá de cubrir el contenido, mis clases son centros para encender las llamas del entusiasmo con el tema del curso, ya que esta es la fuerza que moverá al estudio autodidacta y a la investigación espontánea.

Así que para asegurar que ese entusiasmo esté presente, debo discar su número: el júbilo en el salón. Es decir, si mis alumnos genuinamente disfrutan el momento que comparten conmigo en el aula, si la discusión de los temas les despierta diversas analogías en sus mentes, si mis palabras los hacen agarrar su celular y buscar de inmediato en Google, es porque me acaban de asignar su presupuesto de entusiasmo y me dijeron, "Tenga profe, invierta mi atención e interés en algo que incremente mi capital de disfrute en esta conversación".

Dígame de qué otra forma se puede llevar un curso avanzado de maestría de Contabilidad de Costos en el horario de 8:00pm – 10:00pm, con un público de profesionales que salieron del trabajo hace horas, que posiblemente se comieron algo a la carrera, que no han llegado a su casa todavía y tienen que madrugar para estar temprano de nuevo en su faena laboral. Algún ser humano que me indique con cuál otra técnica se logra que decenas de jóvenes asistan voluntariamente los sábados en la mañana a la universidad por un mes para organizar iniciativas de responsabilidad social educativa con la comunidad. Alguien que me muestre de qué otro modo se daría un curso intensivo de emprendimiento, de seis horas diarias, por diez días – POR VIDEO CONFERENCIA – durante el tiempo de pandemia COVID-19.

*****

En una ocasión, el decano de la Facultad de Empresas de la Inter-Metro[1], el Lcdo. Fredrick Vega, nos compartió a los profesores un artículo publicado por "The Chronicle of Higher Education" en el cual se discute el dato de que el profesor del curso introductorio a cualquier materia representará cómo los estudiantes verán dicha disciplina[2]. Es decir, según palabras del artículo, si el profesor del curso introductorio es "cool", los estudiantes tendrán en su referencia que esa materia es "cool", no por los méritos intrínsecos de la misma sino porque asociarán esos temas con el disfrute de la experiencia en el salón. Años más tarde, me enteré por las múltiples investigaciones de la neurocientífica Mary Helen Immordino-Yang que lo que sucede es que nuestros cerebros crean un marcador somático, físico, identificable en la biología neuronal de las vivencias agradables para que busquemos repetirlas.

Así que, armado de este conocimiento, me di a la tarea de preguntarme cuáles eran los cursos que más me gustaron en mis años de bachillerato, maestría y doctorado, y muy importante, por qué. Comencé a recordar cómo me sentía cuando estaba en ciertos salones, cuán seguro de mí mismo y cuán entusiasmado estaba, y poco a poco me percaté que lo que me gustaba era la manera en la que el docente daba la clase. Es decir, en realidad ir a esas clases resultaba en encontrarme con esa persona que nos esperaba con cariño y dedicación, lo que a su vez me hacía disfrutar los temas

---

[1] Apodo para el Recinto Metropolitano de la Universidad Interamericana de Puerto Rico
[2] Vea el artículo "It Matters a Lot Who Teaches Introductory Courses. Here's Why", por Beckie Supiano, del 15 de abril de 2018

discutidos en el salón.

Me di cuenta de que mi aprecio por las disciplinas cuantitativas se debía a que, gracias a Dios, me tocaron individuos que genuinamente disfrutaban comunicarnos a los alumnos las virtudes de los débitos, créditos, cuadres, análisis, estadísticas, programación lineal, regresiones, proyecciones, entre otros. Fueron personas cuyo desempeño profesional estaba matizado por un tacto humano que hacía que los alumnos nos conectáramos de inmediato con las enseñanzas y perspectivas de sus disciplinas académicas. Luego de mis padres, estas personas marcaron constructivamente lo que hoy busco emular como profesor con mis estudiantes.

"¡Buenos días, mis santos!" Ese era el saludo con el que entraba al salón mi profesora de contabilidad del bachillerato, la profesora Carmen Laura Rivera Hernández, en la Universidad Interamericana de Puerto Rico en Bayamón. Tomé la mayoría de mis cursos de concentración con ella y por lo tanto, mi forma de ver la contabilidad es a través de la precisión del análisis de transacciones, el desglose de pasos y componentes de los cálculos y la elegancia de la presentación de la información contable que la caracterizan a ella. Para mí, contabilidad es mi maestra Carmen Laura y ella es contabilidad. No puedo tomar en mi mente a la persona de mi maestra y desvincularla de la forma en la que veo la contabilidad. Por lo tanto, entender mejor la contabilidad significa entender mejor a mi maestra, así como conocerla a ella más implica apreciar mejor la disciplina a la que se ha dedicado toda su vida.

No tan solo eso, sino que mi maestra fue quien me presentó el tema del emprendimiento estudiantil cuando me reclutó "a la fuerza" como presidente de la Asociación de Estudiantes de Contabilidad y Auditoría en el 2005. Las reuniones con ella como profesora consejera iban dirigidas a desarrollar en mí una visión de liderazgo participativo, responsabilidad social, alianzas con asociaciones de otras disciplinas y diplomacia universitaria. Sobre este último, recuerdo que un día me recibe en su oficina con la siguiente noticia, "Mira, si tú eres presidente de una organización estudiantil, tienes que hablar con el Decano de Estudiantes sobre los temas relevantes a ti y tus compañeros en la vida universitaria. Así que, te saqué esta cita con él en la cual yo voy a ir contigo para que tú lo conozcas, le presentes tu plan de trabajo y conversen." Por consiguiente, me he percatado que, gracias a mi maestra, mi visión y actitud de emprendimiento está anclada en osadías que surgen a partir de la contabilidad de las cosas a mi alrededor. Esto a su vez, fue tomando cuerpo con otras añadiduras que se integraron al pasar los años con otros educadores.

De igual forma, la mayoría de mis cursos de concentración de la maestría en finanzas en Inter-Metro, los tomé con el Dr. Félix Cué. Creo que la primera vez que vi al Dr. Cué sin corbata y chaqueta fue luego de que se retiró y coincidimos en una panadería, porque en la universidad siempre lo vi de punta en blanco. Para mí, la disciplina de finanzas representa lo abarcador del cerebro del Dr. Cué, quien buscaba cuatro formas diversas de explicarme algo cada vez que yo me perdía. De hecho, recuerdo en una ocasión que por alguna razón intenté resolver un problema de finanzas trayendo datos de dos puntos distantes en el análisis y me dio el resultado que él escribió en la pizarra. No obstante, yo mismo no sabía explicar la lógica de ese pensamiento, solo que me dio con dividir un número de la esquina derecha de la pizarra con otro de la esquina izquierda a ver si daba el resultado y "por suerte" me salió.

Así que, levanté la mano y le pregunté, "Profesor, ¿por qué si yo divido ese número de allí entre aquel otro de allá me da el número que usted indica sin hacer ese proceso?". El Dr. Cué miró la pizarra, llevó su mano derecha a su mentón, meditó unos segundos y comenzó a escribir filas de divisiones y a cancelar unas con otras. Mientras escribía a toda velocidad, el anciano iba narrando en voz alta lo que estaba analizando al son del ruido de la tiza deslizándose en la pizarra. De momento, luego de haber analizado una docena de divisiones y cancelado casi todas, se giró hacia mí y me dijo, "Por esto, Alex, esa división que hiciste lo que hace es que cancela todas estas anteriores que están implícitas en el otro proceso que les expliqué." ¡Atángana! Esa mente de mi maestro, capaz de encontrar la aguja en el pajar, es lo que para mí representa la disciplina de finanzas.

Años más tarde, cuando estudiaba el doctorado en negocios internacionales en la misma Inter Metro, me tocó tomar los cursos de métodos cuantitativos I y II con la leyenda, con el papá de los matemáticos: el Dr. José Rafael Padró. Este profesor, quien en su juventud había sido facultad en la Universidad de Puerto Rico en la época de Jaime Benítez, quien fue el profesor de muchos de los actuales docentes de matemáticas de Puerto Rico, comandaba su materia con una transversalidad exquisita. Él tenía una visión artística, poética y romántica de las matemáticas, al grado que, según me han contado, en los años 1970's ofreció una conferencia para profesores de matemáticas en Puerto Rico en la cual explicó la vida de Eva Perón a través del cálculo diferencial – ¡a ese nivel!

Amante del cine clásico, apreciador de la música puertorriqueña y eterno enamorado de la memoria de su amada esposa, el Dr. Padró fue capaz de sacar hacia adelante con éxito a un alumno como yo que estaba matriculado al revés en el curso II antes de tomar el I. No había ejemplo de matemáticas que no estuviese explicado a fuerza de extrapolaciones del cine con Audrey Hepburn, o con pintores impresionistas franceses, o sus favoritos: ejemplos bíblicos. Todo esto se daba en un contexto de clase doctoral que terminaba a las 10 de la noche. Así que, él siempre nos despedía al final de la siguiente forma, "Miren, como ya es tarde y la criminalidad no es nada fácil, si alguien quiere hacer una oración para encomendarnos al Señor antes de irnos a nuestros hogares, adelante."

¡Qué tres profesores, qué tres personajes! Son gente bella que me enseñó la docencia universitaria a través de los ojos del entusiasmo que cada uno tenía con su disciplina y con nosotros sus alumnos. Pensando en ellos y en cómo yo trabajaba en sus clases, me doy cuenta que "más logra un gramo de entusiasmo que 100 kilos de obligación".

*****

Recuerdo que cuando estaba en mi primer año en la universidad como estudiante de contabilidad, hubo dos profesoras de la hermana concentración de mercadeo que despertaron en mí el interés por combinar ambas disciplinas, las doctoras Gisela Carrero y Marta Rodríguez. La Dra. Carrero me reclutó para el capítulo de Inter-Bayamón de la Cámara de Comercio de Puerto Rico y la Dra. Rodríguez sembró en mí la frase "el mejor matrimonio en empresas es entre contabilidad y mercadeo". Viéndolo ahora a la distancia de casi 20 años, agradezco a Dios profundamente que haya puesto esa frase de la Dra. Rodríguez en el génesis de mi formación académica porque mi desarrollo y crecimiento ha sido siempre la combinación de la técnica de la contabilidad del emprendimiento y el entendimiento del mercado del mercadeo.

A recomendación de la Dra. Carrero, "vacié" todos mis créditos electivos de bachillerato, maestría y doctorado en cursos de mercadeo. De esa forma fue que comprendí el comportamiento del consumidor, investigación de mercado, mercadeo estratégico y promoción, adecuación cultural en el mercadeo internacional y gerencia de mercadeo, entre otros. De hecho, mi semestre final del bachillerato, realicé el proyecto más divertido que tuve en toda mi experiencia universitaria: preparar una campaña de promoción para radio, televisión y prensa sobre productos de planificación financiera para el curso de promoción de la Dra. Rodríguez. Cuando comenzamos el semestre, la profesora nos dijo, "Miren, ustedes irán trabajando su campaña de promoción desde ahora y la presentarán al final del semestre. Pero no es un trabajo por escrito solamente, si van a incluir anuncios de televisión, TIENEN que grabar los anuncios; si van a incluir anuncios de radio, TIENEN que grabar los anuncios de radio; si van a incluir anuncios de prensa, TIENEN que hacer los anuncios con el arte y todo, listo para publicarse."

¡Ay qué recuerdos tan hermosos! El proceso de producción fue altamente divertido con reuniones en Burger King, Starbucks y la cafetería de la universidad. Los libretos para los comerciales de televisión y radio los íbamos construyendo y reescribiendo sobre la marcha. Entre "hot-dogs" y papitas del carrito que había entonces al lado del edificio F de Inter-Bayamón, nuestros personajes iban cambiando de actores dependiendo de cómo se sentían mejor los compañeros ensayando las líneas. Las áreas verdes de nuestro recinto nos ofrecían diversidad de ubicaciones para grabar, hasta un área de juego para niños preescolares ya que para entonces había un centro preescolar que utilizaba el atrio de la capilla como parte del patio para los niñitos, con un canasto de baloncesto y todo.

Toda esta experiencia de comunicar el valor que nuestros productos le ofrecían a los clientes por medio del ejercicio de promoción, me permitía darle vida, color, emociones y aventura al entrenamiento de contabilidad que tuve durante esos primeros 4 años de mi carrera universitaria. Con cada comercial que producíamos, podía sentir en carne propia la propuesta de la Dra. Rodríguez de que "el mejor matrimonio es entre contabilidad y mercadeo", ya que la campaña de mercadeo en sí viene siendo parte de la estructura de gastos de la empresa y por lo tanto la misma debe ser rentable. Es decir, mientras mi profesora de mercadeo, la Dra. Marta Rodríguez, me enseñaba que "el secreto del 'branding' es ubicar la marca en dos lugares: (1) en la mente y (2) en el corazón del cliente", mi profesora de contabilidad Carmen Laura Rivera me había estado enseñando a lo largo del bachillerato que todo gasto se justifica en la medida en que genera ingresos o permite que se generen los mismos, incluidos los recursos destinados al "branding".

Simultáneamente, tomé tres cursos adicionales de mercadeo

durante esos años en el hermano recinto de Inter-Metro con el profesor Iván Robles: Conducta del Consumidor, Mercadeo Estratégico y Gerencia de Mercadeo. El profesor Robles fue una grata sorpresa en mi formación como estudiante, porque él era un especialista de mercadeo y gerencia que hablaba en idioma de contabilidad. De hecho, su metodología de dar la clase consistía de un caso que había que resolver a lo largo del semestre, muy parecido a la folklórica historia de "La Sopa de Botón".

Cuando era niño leí en una ocasión esa historia en la que una joven le prometía a un tío tacaño que le cocinaría una sopa deliciosa y que solamente necesitaba un botón para hacerla. Llenó una olla de agua, le echó un botón y luego la puso sobre el fuego. Mientras cocinaba, le dijo al tío "Pásame un poquito de sal si tienes, para que sepa mejor", y el tío le consiguió la sal. Luego, al rato dijo, "Hace un tiempo me salió bien sabrosa esta sopa si le echaba cebollas. ¿Tienes algunas por ahí?", y el tío le consiguió cebollas. Más tarde dijo, "Fíjate, esto sabría bien bueno si se le añadiese trozos de carne", y el tío le trajo carne. Al final, cuando la sobrina le sirvió la sopa "de botón" al tío, este quedó impresionado por la sabrosura culinaria que tenía frente a sí, "con tan solo un botón".

El profesor Robles se las sabía todas porque nos daba un solo ejercicio de mercadeo que requeriría que a lo largo del semestre montásemos los estados financieros para luego correrle análisis de "ratios" a esos estados y comparar los mismos con los datos de las proyecciones para los próximos años. Mientras tanto, considerábamos los cambios en reglamentaciones gubernamentales que aparecían en el ejercicio a medio semestre para entonces recalcular los números y descubrir cuáles eran los nuevos niveles de ventas que darían con los porcientos de rentabilidad que esperábamos, entre otros. Todo esto era necesario para al final terminar haciendo un plan de mercadeo que fuese apropiado para los datos que estuvimos analizando a lo largo del semestre.

Con esta estrategia, el profesor Robles se aseguraba de que nosotros descubriésemos que no existe ninguna discontinuidad entre mercadeo y contabilidad, sino que el mercadeo se hace a partir de la contabilidad que se tiene como resultado del mercadeo anterior que se hizo, que a su vez salió de los datos contables que había en el momento provenientes de los esfuerzos de mercadeo de entonces...al estilo del huevo y la gallina. A través de los años, con regularidad revisito esos recuerdos y analizo lo que el profesor Robles nos enseñaba de manera implícita, ya que él solo nos decía al principio del semestre "Bueno, vamos a resolver este casito, les voy a dar estos datos y tráiganme sus opiniones para la próxima clase". Su forma de enseñarnos era la siguiente: sugerirnos qué él necesitaba para la próxima clase y nosotros teníamos que ir poco a poco descubriendo que para llegar a lo que él necesitaba, primero teníamos que descifrar otras cosas.

Años más tarde, cuando estuve en un internado en la banca como estudiante graduado de MBA con concentración en finanzas, me pidieron dar mi opinión sobre 3 opciones de financiamiento para 3 iniciativas diversas en órdenes de los cientos de millones de dólares cada una, incluyendo emisiones de deuda del gobierno de Puerto Rico. Los músculos intelectuales que tuve que utilizar para esa hazaña, para la cual solo tenía 3 días y debía presentar mis recomendaciones a 3 vicepresidentes de 3 bancos diversos, fueron los que el profesor Robles me hizo descubrir en aquellos cursos de mercadeo en esteroides. Luego, como exalumno, tuve la oportunidad de visitar el salón del profesor Robles en varias ocasiones para hablarle a sus estudiantes de lo importante que era esa experiencia en su formación.

*****

Una tarde de mi niñez, cuando tenía 11 años, mi mamá me llamó a la cocina. Recién estaba colgando el teléfono con la vecina de la esquina y me tenía una noticia. "Ven al piano para que te aprendas esto. Mañana va a venir Angela (la hija de la vecina) a las 4pm, y tú le vas a enseñar a tocar esta pieza." Tomé en serio la misión que mi mamá me dio, atendí bien lo que ella me enseñó en unos minutos y esperé con toda seriedad a que llegara Angela. Cuando dieron las 4pm, llegaron Angela y su hermana Rebecca y yo procedí a la lección de piano. Mi alumna aprendió muy bien la pieza musical que le fui enseñando paso a paso, como mi mamá había hecho conmigo unas horas antes, y luego terminamos tocándola al unísono los dos.

Esa fue mi primera experiencia como educador, enseñándole lo que yo había aprendido con mi mamá en el piano a otros niños del vecindario. Recuerdo que enseñarles a otros niños lo que yo había aprendido en el piano era una actividad bien divertida porque entonces tenía más amiguitos con quienes jugar y entretenernos en el piano cuando venía la visita a mi casa.

Estratégicamente, mis padres habían tomado la decisión de NO comprarnos el preciado Nintendo de nuestra generación. "Eso lo pueden jugar cuando vayan a la casa de sus primos. Aquí hay piano, batería, alfarería, bloques, creyones, pinturas, lápices de colores para que inventen y se entretengan ustedes dos (mi hermano y yo) y los niños que vengan de visita." Así que, mis recuerdos de niñez están llenos de muchos juegos en el piano con los niños que venían a mi casa. A todos los que llegaban, les decía, "Mira, ven para que aprendas esto y podamos tocar juntos en el piano." Por lo tanto, mis primeras experiencias a cargo de enseñarle a otros lo que yo había recibido de mis padres, estuvieron repletas de disfrute, diversión y entusiasmo.

Cuando llegué a la universidad, la profesora de mi curso de inglés del primer semestre, la profesora Gladys Cruz, me indicó un día que quería hablarme sobre algo cuando terminara la clase. Cuando salimos del salón, la profesora Cruz me dijo "¡Sígueme!". Nos dirigimos al elevador para bajar al primer piso del edificio E de la Inter-Bayamón y caminamos hacia las oficinal del Programa de

Servicios Educativos. Cuando entramos por la puerta, la profesora saludó a la secretaria, "¡Hola Marilyn, ¿Gloria está en su oficina?", "Allí mismito está" le contestó Marilyn. Yo no sabía qué estaba pasando, pero continué siguiendo a mi profesora a donde ella me llevaba.

Cuando llegamos al cubículo de Gloria, mi profesora la saludó con lo siguiente, "Mira, aquí te tengo el tutor de inglés que me dijiste que hacía falta; te envío la carta de recomendación en la tarde que voy a clase ahora. Alejandro, ella te va a explicar." Gloria me sonrió y me dijo, "Joven, bienvenido al equipo de tutores del Programa de Servicios Educativos de Inter-Bayamón." Esa fue la primera vez que aparecí en la nómina de la Universidad Interamericana de Puerto Rico: en funciones de tutor de mis compañeros estudiantes, es decir, mi primer trabajo fue en funciones educativas en la universidad.

En mis nuevas tareas como tutor, tenía que ir a reunirme con los profesores de inglés para saber por dónde iban en el semestre con los temas que estaban discutiendo, la naturaleza de las asignaciones y el calendario de exámenes de cada uno, para de esa manera servir de apoyo a los estudiantes que llegaban al centro de tutorías. Yo sabía quién era estudiante de cuál profesor, por dónde iban en sus clases, de qué se trataba la asignación o el examen para el cual tenían que estudiar y les preparaba las actividades educativas pertinentes.

En los subsiguientes semestres, se fueron uniendo a las tutorías de inglés las de contabilidad. Por alguna razón, me sentía como cuando era niño enseñándole a mis pares lo que había aprendido para disfrutar juntos. Recuerdo que mis sesiones de tutorías eran cómicas, divertidas, llenas de canciones de inglés y raps de contabilidad. En ese momento no me daba cuenta, pero lo que estaba haciendo era echando mano de mis primeras experiencias en la docencia cuando mis estudiantes y yo éramos todos de escuela elemental y jugábamos al piano. Ahora en la universidad, lo que estaba haciendo con los estudiantes que me habían asignado para las tutorías, era presentarles de forma jocosa, las reglas gramaticales de inglés, los procedimientos del ciclo contable, la conjugación de verbos regulares e irregulares en inglés, el análisis de transacciones de contabilidad, entre otros.

Tanto en mi niñez como luego en la universidad como alumno, mis estudiantes eran personas de mi edad, con quienes compartía en igualdad de condiciones el mismo proceso de desarrollo. Esto me proporcionaba por diseño un grado de empatía formidable con mis alumnos, porque ellos y yo teníamos la misma edad y estábamos en el mismo barco. Por lo tanto, la experiencia de enseñar a otros ha sido para mí desde siempre un ejercicio igualador que tiene que entusiasmarnos a todos.

Muchos años más tarde, mientras cursaba el doctorado en negocios internacionales, recibí una llamada de la Facultad de Empresas de la Inter-Metro. Era la directora de la Escuela de Economía, la profesora Myrna Reyes, quien me preguntó, "Alejandro, ¿estás disponible para dar un curso de contabilidad gerencial los martes y jueves a las 10am ahora este nuevo trimestre?". Ya yo había sometido la documentación según el protocolo del acervo de candidatos para facultad a jornada parcial y estaba esperando esa llamada en cualquier momento. Muy entusiasta le dije a la directora Reyes, "¡Sí! ¿Cuándo comienzo?", a lo cual ella me respondió, "Mañana".

De inmediato llamé a mi profesora de contabilidad de Inter-Bayamón, Carmen Laura Rivera, para darle las buenas nuevas. Mi maestra procedió a darme sus consejos puntuales sobre cómo trabajar en un trimestre lo que yo había visto en formato de semestre y me compartió unos consejos importantes para comienzo de clases. Al final de la llamada me dijo, "Mire mi santo, usted va a hacer bien ese trabajo. Te felicito."

En ese punto, se consolidaron todas las experiencias anteriores de ejercicios como educador de música, de inglés como segundo idioma y de contabilidad para abordar a un grupo de jóvenes que, aunque ya no eran de mi misma edad, no les llevaba más de una década de distancia. Así que, armado del conocimiento del poder del entusiasmo, aquella mañana de marzo de 2011 tomé el elevador al sexto piso del edificio John Will Harris de Inter-Metro, caminé hasta mi clase y al ver a mi veintena de estudiantes les saludé con las palabras, "¡Buenos días, mis santos alumnos!".

2 LA ORQUESTA

El Maestro Irizarry levanta la mano al fondo del escenario: "Maestro, recuerde reconocer el trabajo de la compañera arpista en público"

Estudiante de dirección: "Cierto…¡Damos el aplauso a la compañera por elevar la pieza con su colaboración!"

(Aplausos de todos los músicos)

Una de las experiencias más hermosas que todo estudiante de contabilidad, finanzas y negocios internacionales debe tener es presenciar ensayos de orquestas sinfónicas. Durante mis años como estudiante, mi hermano Lucas participó en varias ocasiones como chelista en el Festival de Orquesta Sinfónica Juvenil de las Américas en Puerto Rico, conocido por sus siglas como FOSJA. Este ejercicio educativo era un internado de verano en el Conservatorio de Música de Puerto Rico en el cual participaban estudiantes de todas partes de las Américas, alumnos que literal y figurativamente llegaban a nuestra tierra a orquestar y reconciliar sus talentos con los demás.

Las labores del internado comenzaban con una sesión inicial de lectura de música en plena orquesta con el Maestro Irizarry para conocer las piezas que se estarían levantando entre todos durante las próximas semanas. El Maestro siempre explicaba la historia de la pieza, quién la compuso y por qué, cuál era el mensaje de esta y de continuo durante los ensayos explicaba la lógica del diseño de las voces y combinaciones de instrumentos a los que les tocaba sonar en cualquier pasaje. A este diseño se le conoce como el arte y técnica de la orquestación.

Recuerdo que todas las mañanas, mientras llevaba a Lucas a la orquesta, íbamos conversando sobre lo que había explicado el Maestro el día anterior sobre la orquestación de las piezas y al salir en la tarde regresábamos con lo nuevo que habíamos escuchado del director. Lucas me comentaba sobre los retos de sus pasajes de chelo y cómo a veces éstos hacían juego con pasajes de los clarinetes, en otras le contestaban a los violines, en otras ocasiones se unían a los contrabajos, tubas y fagots para darle cuerpo a momentos intensos, así como en las instancias que les tocaba llevar la melodía mientras el resto de la orquesta los acompañaba. Además, siempre reflexionábamos sobre lo que el Maestro había explicado mientras lo comparábamos con otras piezas musicales.

Una de las cosas que más me llamaba la atención era la técnica de la orquestación de los compositores y la reflexión que el Maestro hacía sobre esta. "Fíjense cómo esta frase está combinada entre los violines y las flautas para luego pasar a manos de las trompas y chelos", decía. "Cuerdas, piensen que en este pasaje ustedes hacen el papel del agua debajo del barco y traten de ver la línea del clarinete como ese barco; no lo ahoguen", añadía. "En esta parte, tenemos que permitir que brille el contrapunto magistral que escribió el compositor entre trompetas y trompas", nos explicaba el director.

A lo largo de estas experiencias, profundicé mi comprensión y aprecio por la orquestación, escuchando atentamente las instrucciones y retroalimentación del Maestro, además de reflexionar y extrapolar estos principios a otros escenarios y disciplinas. Me parecía especialmente interesante cuando hablaba sobre algún pasaje en particular y comentaba, "Yo hubiese dado esta línea a las flautas en lugar de a los violines, porque a mi gusto, la voz de la flauta le daría otro color más a tono con la carga emocional de este pasaje...pero eso es cuestión de criterio del compositor". En otras ocasiones nos compartía sus teorías, "Si se fijan, estas frases de los trombones en combinación con las trompas son bien parecidas a las que aparecen en [tal otra obra] de [otro compositor] de 100 años antes que este. De ahí fue que este compositor se inspiró".

Durante los recesos, en el almuerzo y luego a la salida, yo aprovechaba para conversar con el Maestro y le preguntaba más a fondo sobre las cosas que él comentaba durante los ensayos. "¿Maestro, qué usted quiso decir cuando le pedía más aire debajo de las cuerdas a los violines?", "¿Por qué usted le indicó al estudiante de dirección que no le dijera 'sin miedo' a la orquesta?", "Luego de escucharlo ayer explicando la línea de los violines de Beethoven, me di cuenta de que John Williams usó ese concepto en [tal] película".

Poco a poco me fui percatando de que el instrumento que se escoge para una frase es igual de importante que la frase en sí que se va a tocar. Es decir, el ejercicio de composición para orquesta no se trata únicamente de las notas musicales y su armonía, sino de las voces específicas que se seleccionan para llevar esas frases en determinados momentos. Quizás una frase expresada por chelo puede lucir mejor si la dice el clarinete o una trompa. A lo mejor algo que se piensa para el contrafagot es más adecuado para el contrabajo. Lo importante es que la selección de voces, o tesituras, que se van a usar en determinadas frases, estén pareadas con lo que puede hacer físicamente ese instrumento y con la carga emocional de la frase en sí. Cuando la música de orquesta suena mal, no necesariamente es un asunto de armonía sino de orquestación, es decir, no son las notas sino a qué instrumentos pusiste a tocarlas y en qué combinaciones.

En fin, la belleza de la orquestación se encuentra en sus características de ingeniería, de diseño, de arquitectura, de pintura. Es un hermoso acto de combinar estratégicamente estos instrumentos que tienen estas características para sostener como columnas la idea musical mientras que estos otros instrumentos presentan una pregunta y este otro grupo responde. Paulatinamente estos conceptos comenzaron a escurrirse de la tablilla de "música" en mi mente y comenzaron a gotearle encima a la tablilla de "ciencias económicas y administrativas". Comencé a apreciar la orquestación de los trabajos, procesos, proyectos, departamentos…y entendí aún más las palabras que me había dicho mi profesor de Diseño Organizacional, el Dr. Rafael Colón Cora.

*****

Una de las personas que ha aportado mucho a mi visión para trabajar con mis santos alumnos es el Dr. Rafael Colón Cora, quien fue mi profesor doctoral de las áreas pertenecientes al diseño y comportamiento organizacional. Con el Dr. Colón Cora aprendí que el éxito del funcionamiento de los proyectos y trabajos en las organizaciones (y yo veo mi salón como una organización de trabajo) tiene su génesis en el diseño organizacional. En otras palabras, para que los seres humanos que van a trabajar juntos puedan desempeñarse de manera óptima, hay que partir del ejercicio inicial de qué es lo que se necesita que se haga, a quiénes vas a poner a hacerlo, en qué combinaciones y en qué orden. Es menester diseñar bien quiénes dependerán de quién, cómo pasarán de mano las labores y quiénes estarán a cargo de la coordinación de todo esto, entre otros.

Por consiguiente, cuando abordo el curso que voy a dar, mi conversación con el prontuario es: "Necesito una actividad central que me sirva de catalítico para que los estudiantes vayan adquiriendo todas estas competencias implícitas aquí. Voy a dividir esto de esta forma, en este orden, con estos recursos, estos pasos, este proyecto…". En síntesis, tengo que hacer un diseño organizacional con toda una idea de las descripciones de labores que se necesitarán. Luego, tan pronto comienzo el curso, entrevisto a mis santos alumnos para parear las personalidades con las tareas. Gran parte del éxito que tendrá esa experiencia dependerá de ese ejercicio inicial de diseño…y el fracaso también.

MIS SANTOS ALUMNOS

De la misma forma que una pobre orquestación puede hacer sonar mal una composición exquisita, igualmente un mal ejercicio de diseño organizacional puede resultar en el desperdicio del capital intelectual de la gente involucrada en las tareas. Me parece escuchar al Dr. Colón Cora insistiendo, "Recuerden bien, la falta de eficiencia, las tardanzas en las entregas, las equivocaciones de ejecución y hasta el desánimo de los miembros del equipo, se debe en gran medida a problemas de diseño, no de los empleados". Por lo tanto, el grueso del desempeño académico de mis alumnos durante el semestre no se tratará ni del tema del curso, ni del horario, ni del perfil de los estudiantes, sino del diseño de las experiencias educativas y del ejercicio de orquestar bien esa obra.

"No es un asunto de que la gente es vaga, no es un problema de los empleados. Cuando las cosas salen mal en las empresas, es un problema de diseño". Así nos repetía y nos recalcaba el Dr. Rafael Colón Cora a sus alumnos doctorales. "Si yo logro que ustedes entiendan que los problemas no provienen de los empleados sino del diseño, seré un hombre feliz". Por la combinación de cantidad de veces que él repitió eso en el salón y mis experiencias de vida con mis santos alumnos, esas palabras de mi apreciado profesor Colón Cora son las que me confrontan cada semestre frente a mis alumnos. El secreto se encuentra en mi diseño, y como el profesor me enseñó, "El diseño no es un evento sino un continuo, es decir, usted tiene que estar todo el tiempo evaluando y depurando su diseño sobre la marcha".

En una ocasión, un amigo emprendedor les decía a mis estudiantes de Desarrollo de Plan de Negocios, "Cuando llega el día de vaciar el vagón aquí en mi negocio, todo el mundo está aquí haciendo el inventario conmigo. Sin embargo, mis amigos dueños de negocio me dicen que el día de vaciar el vagón es cuando se enferma todo el mundo. Cuando ellos me preguntan cómo yo lo logro, yo les hago la siguiente pregunta, '¿Cuánto tú le pagas a tus empleados que trabajan en ese departamento?', y su respuesta usualmente es, 'Pues el mínimo. ¿Qué más quieren?'. En ese momento, yo les digo, 'Pues, ahí tienes. Yo les pago a $10 dólares la hora'. Ellos me dicen, '¡Tú eres loco! Yo no voy a pagar $10 la hora a los que trabajan en el almacén'. A lo cual yo les respondo, 'Pues, si tratas mal a la gente vas a seguir teniendo el ausentismo que tienes'". Cuando escuché a mi amigo emprendedor decir esto sobre su negocio, el próximo semestre comencé con una nueva frase.

Abordé a mis discípulos a comienzos del próximo curso diciendo, "Bueno jóvenes, aquí vamos a hacer esto como si yo fuese el presidente de una compañía y ustedes son el equipo de trabajo. Yo voy a decirles desde ahora que voy a pagarle el máximo por su trabajo; para nosotros aquí, eso significa que sus trabajos van a tener calificaciones de A. Ahora, si ya usted sabe lo que hay de mi parte sobre la mesa, quiero escuchar a lo que usted se compromete conmigo aquí en términos de su esfuerzo en esta clase". Ya por diseño, eliminé la preocupación de la calificación en sus mentes y los resultados siempre han sido asombrosos.

Cuando un estudiante es liberado de las penalizaciones por los errores en su proceso de aprendizaje en el curso, se atreve a pensar transversalmente. Por consiguiente, les explico siempre a mis alumnos que el Dr. Alejandro Ríos Cintrón no descuenta puntos, sino que cuenta puntos. Es decir, yo quiero su trabajo y que quede bien; "Usted me va presentando su trabajo y sus errores yo se los voy indicando, pero su calificación es cuando esté completo y excelente". Ya por diseño, el alumno tiene la confianza de intentar ideas nuevas, probar combinaciones de disciplinas y proponer soluciones heterodoxas, sabiendo que el espacio educativo en que ambos coexistimos es un lugar seguro para su sana exploración dentro de las prácticas apropiadas de la educación. Mi madre le llama a eso, "Probando es como se guisa".

Por lo tanto, el diseño les está dando permiso de esmerarse, dedicarle horas adicionales, pensar en alternativas mientras están en otras actividades y consultar con otra gente, entre otros. He visto cómo salen mejores proyectos finales al removerle a mis alumnos la penalidad por los errores en el camino, porque han sido trabajados desde el entusiasmo, no desde la ansiedad. Hay veces que me levanto por la mañana y veo que mi WhatsApp tiene sobre 350+ mensajes, la mayoría de ellos provenientes de las conversaciones de los chats grupales de mis alumnos que estuvieron trabajando de noche.

La primera vez que constaté esto fue cuando en una ocasión le dije a mis alumnos, "Bueno, les tengo una oferta, pero tienen que estar de acuerdo todos. Les puedo sustituir el examen final por un proyecto especial en el que ustedes organicen un panel, como evento co-curricular, sobre las decisiones de economía gerencial que empresarios puertorriqueños hayan tenido que hacer en tiempos de crisis. Ustedes hacen la selección de empresarios a invitar, organizan el evento, invitan los cursos de otros profesores de público, coordinan los pormenores de la logística de la actividad, escogen maestros de ceremonia entre ustedes y hacen una reflexión escrita individual para entregarme acerca de lo que expongan los panelistas ese día".

Abrumadoramente todos dijeron al unísono, "¡Sí aceptamos!". Técnicamente hablando, esa tarea demandaba mucho más esfuerzo que estudiar para un examen, pero ellos estaban más que dispuestos a lanzarse de pecho a esa actividad. Les exigí bitácoras de reuniones con las aportaciones individuales y evaluaciones de desempeño de sus compañeros, división de tareas por comité que ellos mismos determinasen, diseño de artes gráficas en la hoja de invitación, descripción detallada de las tareas que cada miembro del equipo hacía, entre otras cosas. Pero el disfrute que su neuro-aprendizaje les indicaba en el sistema de recompensa cerebral era tal que le dedicaban horas y empeño a todo este esfuerzo adicional que no hubiese estado en el ejercicio tradicional del examen. Cuando estuve en la actividad final con ellos, viendo el fruto de tanto trabajo de esos jóvenes, escuchaba en mi mente a mi santo profesor Colón

Cora diciendo "El secreto está en el diseño, no se olviden". Al terminar el semestre, cuando los tuve en el salón de nuevo, hice honra al Maestro Irizarry y "felicité a la arpista"; solo que, en esta ocasión, "la arpista" eran todos ellos.

*****

Era el tercer semestre luego del encierro por la pandemia COVID-19. Tenía frente a mí un ejército de casi 100 estudiantes de 9 concentraciones diversas en el curso Cultura Emprendedora. Este es un curso del PEG (Programa de Educación General) de la Universidad Interamericana de Puerto Rico, lo que significa que, al igual que los cursos de español e historia, todos los alumnos de todas las disciplinas tienen que tomarlo. El objetivo de este curso es brindar a los estudiantes el espacio para desarrollar su cultura emprendedora para que puedan extrapolarla a las disciplinas que han escogido estudiar.

En el tintero tenía la edición de Inter Arecibo[3] del *Proyecto Cultura de Emprendimiento en la Niñez de MusiFeliz y la Inter*, la cual, por motivos de la pandemia, estaba en rediseño para que los niños llevasen a cabo las actividades preparadas por los universitarios en sus hogares con sus padres. Se supone que esa edición se llevaría a cabo en el semestre de enero – mayo 2020 como las anteriores ediciones de Inter Barranquitas, Inter Fajardo, Inter Metro e Inter Bayamón se habían realizado en el pasado. Ya los estudiantes universitarios de Inter Arecibo habían diseñado unas actividades para enseñar emprendimiento educativo a los niños de la escuela adoptada (la Escuela Elemental Dr. Cayetano Coll y Toste en Arecibo), pero era menester reconceptualizar las mismas para que en lugar de que los niños las hicieran en equipos en la cancha de la escuela, las hicieran con sus padres y hermanos en cada hogar utilizando materiales educativos no estructurados (como cajitas de cartón de cereal,

---

[3] Nombre por el que se le conoce al Recinto de Arecibo de la Universidad Interamericana de Puerto Rico

cartones de huevos, creyones, algodón, entre otros). No obstante, dado que el tema de la pandemia estaba en pleno apogeo transformando la realidad de vida de todos, incluyendo el ejercicio educativo, en MusiFeliz quisimos integrar alguna actividad lúdico-educativa para estos niños en su hogar que trabajase el tema de la salud.

Por lo tanto, llamé al profesor Jonathan Martínez de Diseño de Video Juegos y a la doctora Ana Lugo de Biología, ambos de Inter Bayamón, y les propuse lo siguiente: qué tal si mis alumnos del curso de cultura emprendedora, los estudiantes de biología de la Dra. Lugo y los discípulos de video juegos del profesor Martínez preparaban un video juego para niños sobre el sistema inmunológico. En mi curso tenía estudiantes de biología, diseño de video juegos, aviación, contabilidad, mercadeo, justicia criminal, ciencias marinas, entre otros, mientras que los estudiantes de los compañeros profesores eran de cursos avanzados de sus respectivas concentraciones. Mis colegas docentes de inmediato se unieron al esfuerzo y comenzó nuestra aventura.

Nuestras reuniones grupales eran exclusivamente de forma virtual porque todavía (en el semestre de enero-mayo de 2021) no se había regresado presencialmente a la universidad. De manera que movilizamos un ejército de casi 150 estudiantes de los tres profesores que trabajaban semanalmente en las tareas que se necesitaban para terminar el semestre con un video juego funcional. Naturalmente, esta orquesta de diversidad de disciplinas, trasfondos y visiones de mundo le ofrecerían a los niños un producto hermoso y divertido para que aprendieran sobre el sistema inmune y cómo este combate al COVID-19.

Mis alumnos de Cultura Emprendedora diseñaron el concepto general: los personajes principales del video juego serían los glóbulos blancos representados como "drones de seguridad" y el villano era el COVID-19. Por lo tanto, lo primero en agenda era que todo el equipo conociera los glóbulos blancos y para eso los estudiantes de ciencias nos orientarían. De manera que todos nos sentamos a aprender de nuestros compañeros qué son basófilos, monocitos, macrófagos, eosinófilos y linfocitos. Recuerdo que una estudiante de contabilidad me comentó, "Profe, en estos días fui a una cita médica con mi mamá y cuando el doctor leyó sobre los laboratorios y mencionó los linfocitos, se sorprendieron ambos que yo sabía de los que estaba hablando cuando yo les dije que sabía la diferencia entre los linfocitos T y los B y las inmunoglobulinas. ¡Me sentí que era genio sabiendo eso, siendo yo de contabilidad!", se reía la estudiante mientras me comentaba.

Luego, todos teníamos que aprender sobre el proceso de producción de un video juego. De manera que los compañeros de esa disciplina nos enseñaron todos los pasos que se requieren desde el concepto inicial, libretos, construcción de mundos, escultura en 3 dimensiones, programación, mecánicas, entre otros. Los estudiantes de biología estaban fascinados de ver en 3 dimensiones a los glóbulos blancos representados en drones de seguridad que diseñaron los de aviación a papel y lápiz.

Los profesores teníamos la labor de guiar a nuestros alumnos en las áreas que ya habíamos diseñado que los equipos trabajarían. El profesor Martínez supervisaba la producción de video juego mientras que la doctora Lugo supervisaba la certeza científica de la consultoría de biología que sus alumnos brindaban al equipo. En cada comité de trabajo teníamos alumnos de los 3 profesores aportando a las tareas de producción. Lo más hermoso fue que uno de los hijos de las estudiantes de biología le dijo, "Mamá, como tú me ayudas con mis asignaciones de la escuela, yo ahora te voy a ayudar con tu asignación de dibujos de tu universidad". Así que terminamos con el diseño del personaje del COVID-19 que dibujó el niño de la estudiante.

Mientras los meses pasaban, el proyecto tomaba cuerpo, los compañeros de video juego nos presentaban las diversas versiones que iban programando semanalmente, se reconsideraban ideas, se consolidaban algunas y se eliminaban otras. Mientras tanto, nosotros los profesores nos alegrábamos de ver cómo nuestros estudiantes de bachillerato y maestría – y niños de nivel elemental – colaboraban para preparar el proyecto. De hecho, como parte de nuestro equipo, contábamos con un estudiante de 7mo grado de la escuela, junto a la maestra coordinadora de emprendimiento de la escuela, la Dra. Iliana Nistal González, a quienes le mostrábamos el progreso del video juego y recibíamos su retroalimentación desde su perspectiva.

Al llegar el mes de mayo de 2021, en el evento virtual que celebramos para mostrarle a los niños de la escuela la sorpresa que estuvimos trabajando para ellos, se conectaron sobre 400 dispositivos. Estimando un promedio de tres personas por conexión, sobre 1,200 niños, padres y maestros presenciaron la majestuosa orquestación de estudiantes de diversidad de disciplinas de la Universidad Interamericana. La doctora Lugo preparó un drama con uno de sus estudiantes en las que se disfrazaron de COVID-19 y Linfocitos, mientras que el profesor Martínez resolvía simultáneamente con sus alumnos un imprevisto en las líneas de códigos del video juego. Luego presentamos un video en el que estudiantes universitarios de biología de Inter Arecibo de la Dra. Lizbeth Romero hablaban con el estudiante de la escuela Cayetano explicándole por medio de animaciones en 3 dimensiones el funcionamiento de los glóbulos blancos como drones de seguridad.

Al finalizar, luego de un semestre completo de ardua labor entre tantos alumnos, le revelamos a los niños que teníamos una sorpresa para ellos. El profesor Martínez, junto a sus alumnos de video juegos, le presentaron a los niños la tan esperada sorpresa: el video juego de los glóbulos blancos como "drones" de seguridad. Era impresionante ver las reacciones de los niños de la escuela ante el fruto de la colaboración de toda esta orquesta de universitarios que les regalaban este proyecto.

*****

Alejandro: "¿Que usted tiene un panal de abejas en su cuarto? ¿Pero, no la pican?"

Alumna: "No, ya ellas me conocen. Mírelas aquí."

En ese momento la estudiante movió su teléfono y mostró a la clase entera conectada en línea el panal de abejas que tenía en el balconcito de su cuarto. La joven nos explicaba que el emprendimiento de su familia era apicultura y que en su casa tenía 14 colmenas de abejas, una de ellas en su cuarto, aparte de otras tantas en la finca.

Alumna: "De hecho, las abejas que están en los zafacones de la Inter son de estas"

Alejandro: "Pero ¿cómo usted puede saber eso?"

Alumna: "Porque yo vivo al lado de la universidad y por la distancia diaria que ellas viajan desde estas 14 colmenas, por estadística sé que son mías. Así que, ya saben, no me las maten cuando las vean."

Esa ha sido una de las orquestas más hermosas que he visto. Mis alumnos de los cursos de Emprendimiento Familiar, Emprendimiento Social, Desarrollo de Plan de Negocios, Principios de Exportación, Estrategia Internacional, Práctica de Desarrollo Empresarial y Práctica de Negocios Internacionales adoptaron a la familia de apicultores de mi alumna de Desarrollo Empresarial para prepararle un plan de exportación de su miel a la Florida. El reto fue el siguiente: cada curso aportaría al plan de exportación desde el curso que estaban tomando conmigo.

Los estudiantes de Emprendimiento Familiar trabajarían sus recomendaciones de profesionalización del negocio de familia, basado en la literatura. Los del curso de Emprendimiento Social, desarrollarían una propuesta de alianzas educativas con la escuela de la comunidad en donde estaba la finca de los apicultores. Los compañeros del curso de Principios de Exportación aportarían toda la logística y costos de documentación y embarque desde la finca hasta los almacenes de los clientes en la Florida. Los del curso de Estrategia Internacional harían la búsqueda de los mejores puntos de venta en Orlando para la miel cruda de nuestra familia adoptada. Los de Desarrollo de Plan de Negocios reconciliarían todas estas aportaciones en un plan coherente con metas a corto, mediano y largo plazo. Para finalizar, los estudiantes practicantes de Desarrollo Empresarial y Negocios Internacionales, serían el equipo ejecutivo de gerentes de proyecto que coordinarían los esfuerzos de todos los compañeros, llevando la "partitura" del progreso de todos en todo momento.

3 EL PRONTUARIO NO VA

Rectora: "Probando...1, 2, 3...¿me escuchan?"

Público: "Sí"

Rectora: "¡Ahora sí! Bueno...el prontuario no va"

Así fue como comenzó la reunión de facultad en el vestíbulo de Inter-Metro, luego del huracán María. A lo largo de su trayectoria por 4 diversos recintos, nuestra rectora Marilina Wayland había dirigido ya muchas reuniones de facultad antes de esta. Pero en esta ocasión, era la primera vez que se dirigía a la facultad luego del desastroso huracán María en 2017 que dejó a Puerto Rico completo con cuantiosas pérdidas e incomunicado. Hacía más de 100 años que no pasaba un huracán categoría 5 por nuestra tierra y los daños eran sin precedentes.

Con tan solo una bocina de batería, sin luz eléctrica, mucho calor y la tenue luz de ese día nublado en el vestíbulo del edificio John Will Harris de Inter Metro, la rectora Wayland nos explicó el plan a seguir por los próximos meses. Había una meta clara: culminar el semestre. Por lo tanto, más que pasos puntuales a seguir, nuestra rectora estaba invitándonos hacia la creatividad como educadores ante esta hora de retos nunca experimentados por ninguno de nosotros.

Rectora: "Yo siempre les he dicho que el prontuario hay que seguirlo; hoy les digo que el prontuario se fue con los vientos del huracán María. Así que, el reto es el siguiente: hay que buscar la forma de cumplir con la descripción de los cursos y sus objetivos, utilizando nuevas actividades que no dependan de luz eléctrica ni de Internet".

A lo largo de los casi 20 años que llevo escuchando las palabras de la rectora Wayland, esta es una de sus enseñanzas más trascendentales para mí. El huracán nos había cambiado las reglas del juego a TODOS en Puerto Rico. A nosotros los educadores nos llevó nuestras planificaciones educativas, distribución de contenidos, calendarios y métodos de evaluación, entre otros. La realidad era cruda: no había forma de darle asignaciones a estudiantes que requiriesen buscar información por Google, ni se podía colocar tareas en "BlackBoard" (la plataforma electrónica de educación a distancia que se utiliza en la Universidad Interamericana de Puerto Rico) y tampoco se podía pedir trabajos en Times New Roman, tamaño 12, a doble espacio…PORQUE NADIE TENÍA NI LUZ ELÉCTRICA NI INTERNET.

Así que, esa frase, "El prontuario no va", recogía nuestra nueva realidad y el llamado a rediseñar nuestro ejercicio educativo. Lo que importaba era la descripción del curso y sus objetivos; todo lo demás estaba sobre la mesa. Esto me reforzó lo siguiente: el punto de mi ejercicio como educador no es "cubrir" un contenido sino lograr unos objetivos de aprendizaje en mis estudiantes. Dicho de otra forma, la selección que yo preparo de contenidos y actividades obedecen a los objetivos del curso, no al revés.

La rectora hablaba y yo la escuchaba en cámara lenta mientras procesaba todas las implicaciones que sus palabras tenían sobre mi práctica docente. "Las clases nocturnas, no las podremos dar en su horario programado, sino que se darán en el fin de semana. Para aquellos que tengan estudiantes que trabajen el sábado, o alumnos que sean sabatistas en su religión, hay que diseñar otra forma para que cumplan con las nuevas actividades que se trabajarán". Cada una de las palabras de la rectora Wayland me abrían un nuevo cielo de oportunidades para colaborar con los estudiantes. "Recuerden bien, con lo que tenemos que cumplir es con la descripción de los cursos que se legisló en el Senado Académico y sus objetivos".

Salí de esa reunión con la sensación de haber comido un plato exótico, servido por nuestra rectora Wayland y auspiciado por el huracán María. Me sentía con un mundo de posibilidades de frente para diseñar experiencias educativas en contabilidad, finanzas, economía y negocios internacionales, sin tocar una computadora. Mientras caminaba por el estacionamiento de la universidad, pensaba en las palabras de la rectora y en la paleta de cursos que tenía ese trimestre (Economía Internacional, Negocios de Familia, Principios de Exportación y Visión Global de la Economía) y se me escapaba una sonrisa por las cosas que ya estaba inventando.

*****

Lo que el huracán María y la rectora Wayland nos recordaron a los alumnos de la vida llamados "profesores", era que el contenido y estructura de un curso no es el punto central de este, sino que meramente son las herramientas que se escogieron para llegar a lo que sí es el meollo del curso: desarrollar las competencias específicas en el alumno. De manera que los contenidos pudiesen cambiar, las actividades ser otras, pero la meta siempre son las competencias. Así que, una tarde visité la oficina de la rectora para platicar con ella sobre el tema.

Rectora Wayland: "¡Hola Alejandro! Pasa, ¿cómo te ayudo hoy?"

Alejandro: "¡Buenas tardes rectora! Gracias por recibirme, quiero conversar algo con usted unos minutos. Resulta que hace unos días la escuché mientras usted le explicaba a una profesora algo que me pareció fascinante. Usted le decía a la compañera que nosotros lo que queremos en los cursos es desarrollar unas competencias de (1) conocimientos, (2) procesos y (3) actitudes con relación al tema del que se trata el curso que estemos dando. ¿Por qué?"

Rectora Wayland: "¡Correcto! Lo que pasa es que para que un individuo aprenda una disciplina, necesita esas tres cosas. Por un lado, debe conocer los conceptos, la nomenclatura, la estructura, la teoría, el por qué de esa disciplina, cómo se relaciona con otras disciplinas directa e indirectamente, entre otras cosas; eso son las competencias de conocimiento o **competencias cognoscitivas**. Por otro lado, la persona debe saber entonces accionar y desempeñarse en esa disciplina, resolver problemas propios de esa área del conocimiento y a eso se le conoce como las **competencias procedimentales**; saber hacer lo que se hace en esa disciplina. Entonces la tercera viene siendo la que guía a las otras dos; cada disciplina requiere de unas actitudes específicas que moderan en qué contextos se aplican esos conocimientos, o sea, cuándo y por qué yo aplico esto, con quién, para qué fines y en qué combinaciones. Estas se conocen como las **competencias actitudinales**".

Alejandro: "¿Y entonces los contenidos y las actividades deben salir de ahí?"

Rectora Wayland: "¡Exacto! Cuando tú tienes un curso frente a ti, lo primero que tienes que preguntarte es: ¿Cuáles son las competencias que este curso busca desarrollar en los estudiantes? A partir de esas competencias, entonces te sientas a escoger los contenidos y las actividades que mejor sirvan para desarrollar esas competencias. Y, recuerda una cosa, eso de 'mejor' es una consideración continua porque lo que es mejor este trimestre, quizás el próximo no lo es, porque las situaciones han cambiado, porque se han publicado nuevos hallazgos que cambian la disciplina, porque el tamaño del grupo es distinto, porque pasó un huracán que dejó a todo el mundo incomunicado…llena tú el blanco. Entonces, lo que queremos es que cuando los estudiantes pasen por esos contenidos y actividades, desarrollen las competencias. A ese grupo de contenidos y actividades diseñados para que alguien desarrolle unas competencias específicas se le llama 'currículo'".

Esa palabra – "currículo…currículo…currículo" – sonó en eco en mi mente cuando la rectora la dijo. En ese momento se me hizo vivo el concepto de currículo. Gracias a la explicación de la rectora, pude entender que el desarrollo de las competencias sucede como reacción endógena dentro de mis alumnos cuando los expongo a lecturas, videos, entrevistas, investigaciones, proyectos en grupo, entre otros. Es decir, estas competencias solo las puede construir el mismo individuo como respuesta a lo que se expone.

Por lo tanto, el ejercicio de escoger los contenidos y las actividades tiene que obedecer a la gran meta de las competencias que se quieren desarrollar. Esto tiene una implicación seria: el contenido NO es el centro de la experiencia educativa, las competencias son el centro; el contenido y las actividades son el medio que se escogió para llegar al centro. Enfocarnos como educadores en meramente cubrir contenidos, nos pudiese hacer perder de vista que el éste es siervo de la competencia, no al revés.

Rectora Wayland: "Hay algo malo que pasa a menudo. A todo esto, hay que añadirle el hecho de que las personas tienen diversas maneras de aprender. Por lo tanto, un currículo que es fabuloso para un tipo de individuo, puede que sea irrelevante o quizás hasta contraproducente para otro. Por eso nosotros tenemos que hacer un ejercicio continuo de ver si esas competencias que queremos lograr en realidad están siendo logradas. Eso se llama avalúo o 'assessment'".

Otra palabrita más para oírla en eco

"assessment...assessment..." – y ver el logo de TK20[4] en mi mente. Ciertamente, la rectora se refería también al ejercicio de "assessment" que hacemos trimestralmente por motivos de las certificaciones que tiene la universidad. Pero el avalúo del que me estaba hablando la rectora era algo más del que requiere el Decanato de Asuntos Académicos; ella me estaba invitando a tomarle el pulso de continuo al grupo mientras ejecutaba mi currículo para saber qué ajustar, de qué lectura prescindir, cuál actividad cambiar, qué tema consolidar con otro, según lo necesitaran mis santos alumnos.

Este llamado de la rectora me hizo pensar en la siguiente metáfora: yo soy un currículo para mis alumnos y ellos son un currículo para mí. Es decir, según mis estudiantes me van conociendo, van desarrollando unos conocimientos y unas conclusiones sobre mi manera de ser. A medida que van tomando confianza, van aprendiendo cómo trabajar conmigo, qué responder, cuándo aportar algo y qué ellos estiman que me llamará la atención y me hará abundar más. Esto a su vez va formando las actitudes que ellos desarrollarán para conmigo y yo para con ellos.

Veámoslo a través de una analogía de inversiones financieras. Todo inversionista desarrolla una colección de inversiones a la cual se le conoce en finanzas como el portafolio. El criterio es que la combinación de inversiones que se logre en el portafolio sea la óptima para la rentabilidad posible de esos instrumentos financieros. En otras palabras, lo que se busca al manejar un portafolio de inversiones es que se obtenga el mayor rendimiento de cada inversión para el riesgo y costos que implica cada una. Dependiendo de las metas específicas de los inversionistas, puede buscarse estructurar un porfolio que tenga un riesgo promedio X y un rendimiento promedio Y. Ahora traduzcamos esto al currículo.

Cuando veo mi semestre académico, estoy ante un portafolio

---

[4] TK20 es la plataforma de avalúo que utiliza la Universidad Interamericana de Puerto Rico

de inversiones de tiempo en contenidos y actividades de las cuales deseo un rendimiento de competencias en los estudiantes. Por lo tanto, teniendo en mente estas metas cognoscitivas, procedimentales y actitudinales en mis alumnos, tengo que repartir hábil y rentablemente el capital de tiempo y entusiasmo que tanto yo como mis estudiantes tenemos para el semestre. Así que, al igual que en los mercados financieros, puede llegar un momento en el cual una particular inversión esté perdiendo valor en el mercado y es mejor liquidarla que perder el capital en ella. Este avalúo continuo de los mercados financieros es homólogo con el que me describía la rectora con relación al ejercicio de atender si el currículo implementado está surtiendo su efecto o si se está botando el capital de tiempo y entusiasmo de los alumnos.

Rectora Wayland: "Por eso, se supone que todos los semestres el profesor revise y depure el prontuario, porque en la búsqueda constante de la mejor combinación de contenidos y actividades es que se logra que los estudiantes desarrollen las competencias".

Esto se me hizo vivo una noche, mientras escuchaba mi teléfono sonar con notificaciones de WhatsApp intensamente. Cuando lo revisé, vi que había una conversación en uno de los grupos de mis cursos de contabilidad básica. Era un sábado en la noche y mis alumnos estaban invitándose mutuamente a conectarse a un video juego. El interés de todos los que se unieron a la convocatoria y sus aportaciones me llamó la atención al punto que yo mismo escribí y les dije, "Oigan, ya que veo que son 'gamers', ¿qué tal si les cuento una nota de la clase por un proyecto especial en el que ustedes diseñen un video juego de contabilidad?" TODOS dijeron que sí.

Con ayuda de estudiantes de la concentración de Diseño de Video Juegos, se lanzaron de lleno por un mes completo para trabajar un video juego de 8 niveles en los cuales jugaban a hacer entradas en el sistema de contabilidad, cuadrar ingresos y gastos, repagar pasivos corrientes con activos corrientes, entre otros. Mi teléfono amanecía a diario con sobre 150 preguntas, comentarios, análisis y extrapolaciones de contabilidad, señal de que estaban manejando con intensidad los conceptos de nuestra clase para transversalizarlos a ilustraciones de 3 dimensiones que se movieran en una pantalla al comando de botones. Era hermoso ver la inversión de tiempo y entusiasmo de los estudiantes para desmontar los conceptos de contabilidad, hallar su esencia y re-expresarlos.

Esta vivencia me mostraba una verdad que se convirtió en la columna central de mi práctica como docente: no se trata de que yo les enseñe, sino de que ellos aprendan. Mis primeras clases en la universidad eran de unas hermosas exposiciones en las que yo era el centro del salón y mis estudiantes venían a escuchar cuánto yo sabía de contabilidad y a tomar notas. Así que yo organizaba los temas y los discutía, los mostraba en la pizarra, los explicaba en detalles, mostraba las implicaciones para otras disciplinas y escenarios y al final preguntaba si había alguna duda. Mis santos alumnos en esa época se llevaban la grata experiencia de haber ido a un salón de clase a escuchar a un experto en la materia, tomar notas, hacer preguntas y clarificar dudas. Este modelo de presentador y público se llama "conferencia".

Pero en la actividad del salón de clases con mis estudiantes, no es el momento de mostrar cuánto yo sé sobre el tema, sino que ellos desarrollen la musculatura de las competencias del curso. En todo caso, mis conocimientos del tema deben servir como apoyo al aprendizaje de ellos, pero los protagonistas son mis alumnos. De lo contrario, sería como matricularse en unas clases de aeróbicos y llegar al gimnasio con una buena libreta para hacer todos los apuntes del instructor, atender bien los movimientos de los brazos y músculos, entender la importancia de los diversos ejercicios y sus repercusiones en la salud, conocer la historia de la disciplina de aeróbicos, entre otros. Luego, de camino a su casa, el recién estrenado estudiante de aeróbicos se detiene a comprar una buena docena de donas glaseadas y una botella de agua para la dieta.

Por lo tanto, tuve que bajarme del podio al que estuve acostumbrado por muchos años, en el que me tocaba estar porque yo era el estudiante entonces y me tenía que probar de continuo cuánto había aprendido de la materia en las clases. Ahora como profesor, ya no se trataba de cuánto yo supiese, sino que me tocaba enfocarme en que fuesen mis alumnos los que desarrollaran las competencias. Es decir, tuve que dejar de *enseñar* y enfocarme en que ellos *aprendieran*. Dicho de otra forma, pasé de "cubrir el contenido" a "descubrir el contenido".

La diferencia es la siguiente: si yo cubro un contenido, ya yo lo expliqué, lo asigné y en tal fecha es el examen. El estudiante saldrá como saldrá y nos movemos para el próximo tema, porque ya cubrí el material. Pero si descubro un contenido, cada estudiante pasa por el proceso de investigarlo, entenderlo y validar con sus compañeros y conmigo su entendimiento y comprensión de los temas.

Por ejemplo, si yo cubro el contenido de los estados financieros, yo soy quien los explico, yo pongo los ejemplos, yo discuto su importancia y repercusiones mientras mis estudiantes asienten con la cabeza y toman notas. Pero si vamos a descubrir los estados financieros, divido el grupo en 4 equipos y les digo, "Bien mis santos alumnos, vamos a descubrir qué es esto de los estados financieros. El grupo 1 va a investigar qué es el 'Balance Sheet', grupo 2 el 'Income Statement', grupo 3 el 'Retained Earnings Statement' y el grupo 4 el 'Cash Flow Statement'. En 30 minutos nos contamos lo que hayamos descubierto, y comenzamos (mientras preparo el conteo regresivo)...¡ahora!". Cosas maravillosas suceden cuando trabajamos de esta manera.

Lo primero que los alumnos tienen que hacer es decidir dónde van a buscar la información. ¿Usarán el libro de la clase, buscarán en Google, se preguntarán unos a otros? ¡Todas las anteriores! Cuando encuentran lo que buscan, comenzarán con el proceso de hacerle sentido a esa información para convertirla en conocimiento, porque tenemos la meta de que hay que explicarlo en unos minutos a los demás compañeros. Es natural que en este proceso pudiesen llegar a algunas conclusiones que técnicamente no sean del todo acertadas, pero ahí es que entonces yo entro como mentor a ayudar a que busquen detalles adicionales que les recalibrarán su entendimiento de los conceptos.

Durante ese proceso para descubrir los estados financieros, los estudiantes buscan imágenes de cómo se presentan, su estructura y formato, los elementos que figuran en el documento, entre otros. Cuando se enteran de los nombres de las cuentas que aparecen en los estados, los asocian con lo que ya han aprendido en otros cursos junto con lo que han sabido toda la vida y se comienzan a formar unas hipótesis que poco a poco van probando, empleando la herramienta más poderosa del proceso de aprendizaje: hacer preguntas. "Profe, ¿Eso de 'deprecitiation expense' es que se van dañando las cosas? ¿Qué significa eso de 'earnings per share'? ¿Eso de 'retained earnings' es la ganancia? ¿Cuál es la diferencia entre 'accounts payable' y 'notes payable'? ¿Qué quiere decir 'preferred stock'?".

Luego, cuando cada grupo comienza a explicar lo que encontraron y cómo es que lo entienden, los demás van reconociendo algunas cuentas que su intuición le dice que se relacionan con algunas de las que están mencionando los compañeros de otros equipos. Así que, a propósito lanzo la pregunta a todos: "¿En qué se parecen y en qué son distintos esos cuatro estados financieros?" Ahí comienzan a aflorar las observaciones, hipótesis y conclusiones de cada uno y todas las anotamos en la pizarra para ir montando la información. Algunas personas confirman lo que habían intuido, mientras que otras corrigen lo que habían concluido. Cuando llega la hora de despedirnos, les entrego el siguiente reto: "Ahora cada grupo, escoja una compañía de productos o servicios que ustedes consuman y les gusten, busquen sus estados financieros y cada miembro del equipo traiga su propio análisis de esos estados para conversar en la próxima reunión; su opinión cuenta, sea cual sea. Que no se me quede nadie sin opinar".

4 LA TECNOLOGÍA EDUCATIVA DEL SIGLO XXI: EL TRABAJO EN EQUIPO

Alejandro: "Vamos a tener 570 niños de Kínder a 8vo Grado. Lo que ustedes vayan a hacer, tiene que ser interesante."

Con este saludo, los estudiantes de los recintos de Inter Arecibo y Bayamón se enteraban del reto interesante que teníamos frente. La matrícula completa de la Escuela Dr. Cayetano Coll y Toste de Arecibo participaría del *Proyecto Cultura de Emprendimiento en la Niñez de MusiFeliz y la Inter* (PCEN). Les dije estas palabras el sábado, 7 de marzo de 2020, justo luego de una secuencia de terremotos que hubo en Puerto Rico a comienzos del año que movió el calendario escolar.

Ya esta era la quinta edición del PCEN luego de haber pasado por Inter Bayamón, Fajardo, Metro y Barranquitas en los pasados dos años. En cada edición anterior, el número de niños fue progresivamente creciendo, siendo la cifra inmediatamente anterior los 500 niños de la Escuela José N. Colón de Barranquitas un semestre antes. De manera que ya habíamos ido "agarrándole el piso" a este tipo de proyecto con cantidades de hasta 120 niños simultáneamente en una cancha.

El equipo se componía en esta ocasión de mis alumnos de Cultura Emprendedora de Inter Bayamón y estudiantes de emprendimiento y practicantes de educación de Inter Arecibo. A todos ellos les contaba su participación por puntuación en sus respectivos cursos, y además, como suele ocurrir en este proyecto, hubo otros estudiantes de ambos recintos que se enteraron del proyecto y me preguntaron si podían participar también como voluntarios.

Además, en esta ocasión, por diseño, hubo niños representantes de la escuela e hijos de los estudiantes universitarios en las mesas de trabajo para contar con el insumo del público para quienes serviríamos en este proyecto. Esas reuniones del 7 y 14 de marzo de 2020 fueron hermosas en el edificio de Éxito Estudiantil de Inter Arecibo. El ambiente vivo entre los universitarios, los niños y sus padres, todos colaborando en la planificación de las actividades que llevaríamos a la escuela el mes próximo, era algo de ensueño.

Para esa misma época, en las noticias salía algo que estaba sucediendo en otros países que se llamaba COVID-19 y que ya para esta fecha obligaba a evaluar acciones preventivas en Puerto Rico. Así que, debido a que el gobierno de Puerto Rico estableció que habría un encierro de dos semanas comenzando el lunes, 16 de marzo, nuestra reunión del sábado 14 nos permitió cuadrar unos detalles y llevarnos unas tareas para hacerlas en el hogar mientras pasaban esas dos semanas y regresáramos de nuevo a la normalidad. ¡Cuán lejos de la verdad estábamos! Ese equipo no pudo jamás volver a reunirse presencialmente. El encierro de dos semanas se convirtió en una cadena de renovaciones de dos semanas por el resto de 2020 y la mitad de 2021, moviendo la educación exclusivamente a la modalidad de distancia durante todo ese tiempo, tanto para los niños como para los universitarios.

Por lo tanto, el trabajo en equipo ahora cobraba mayor protagonismo porque había que sostener reuniones virtuales en diversidad de horarios y disponibilidad de los miembros. La pandemia le cambió las realidades y horarios de trabajo a muchos de mis alumnos y a los padres de los niños, por lo tanto, había que replantearse la estructura de colaboración y la articulación de las conexiones. Elementos a los que eventualmente nos acostumbramos y fueron naturales para todos, en este punto eran noveles. A la fecha de publicación de este libro, todos los profesores y estudiantes de la Inter sabemos trabajar con la plataforma de video conferencias de *BlackBoard*, pero en aquella época eran muy pocas personas en la universidad las que sabían qué era eso de *BlackBoard Collaborate Ultra*. De hecho, previo a la pandemia, los recintos tenían uno o varios salones destinados para eso de "video conferencias", que necesitaban sin excepción a un técnico de educación a distancia que operara los equipos mientras el profesor hablaba por el micrófono.

No obstante, como al momento del primer encierro, solo contábamos con que sería por dos semanas solamente, mis santos alumnos se dieron a la tarea de ensayar en sus respectivos hogares las actividades que haríamos con los niños en la cancha de la escuela con materiales educativos no estructurados. De manera que, todo el mundo hizo acopio de las cajitas de jabón, cereales, pasta, creyones, periódico, cinta adhesiva, entre otros, para probar las actividades que les darían a los niños con sus propios familiares. Durante este ejercicio, algo maravilloso comenzó a ocurrir: los estudiantes y sus familias comenzaron a integrarse en el proyecto de manera orgánica.

Esto había sucedido silvestremente en ocasiones anteriores cuando algún padre o madre de mis alumnos se unía a las visitas a las escuelas y las reuniones en el recinto. Pero en esta ocasión, los padres tenían un papel más presente ya que las salas y marquesinas se convirtieron en lugares de práctica para las actividades a realizar con los niños en la escuela. De hecho, hubo un estudiante que hizo algo que nos dejó sorprendidos a todos en el equipo, y en la facultad de educación en Inter Arecibo.

Estudiante Pedro Cordero: "Profe saludos, mire le estoy enviando unos videos que hice cuando estaba practicando las actividades. Verá que las llevé a cabo en el pasillo del piso del condominio donde vivo porque mis vecinos tienen niños de diversas edades".

Cuando abrí los videos que me envió el estudiante, vi familias sentadas en el suelo del pasillo del condominio frente a las puertas de sus apartamentos construyendo maquetas de escuelas. El estudiante iba familia por familia grabando con su celular el proceso de construcción, capturando para la posteridad las interacciones entre los niños, sus padres y abuelos. Se apreciaba en el video a niños y adolescentes de diversas edades junto a los adultos, algunos en el pasillo, otros se veían en las salas de los apartamentos cuando el estudiante asomaba su cámara. Había pega, cinta adhesiva, creyones, pintura de dedos y papel de periódico en conjunto con risas, concentración, creatividad, solución de problemas y compartir familiar y comunitario.

Tuve que compartir esas imágenes en el chat de profesores del proyecto y con la ayudante ejecutiva del rector de Inter Arecibo, la profesora Enid Arbelo. Pedro, estudiante voluntario de la facultad de educación, se había dado a la tarea de convertir su ejercicio de ensayo en toda una experiencia de integración comunitaria entre los niños y sus padres, usando los materiales de sus mismos hogares. Perdí la cuenta de cuántas veces vi los videos que el estudiante me envió, analizando la riqueza de lo que había sido capturado por su celular moviéndose a lo largo del pasillo frente a cada apartamento.

Cuando lo vieron los demás estudiantes del equipo, las reacciones de los jóvenes no se hicieron esperar, elogiando la iniciativa de Pedro. Si ellos estaban animados previo a esto, ver los resultados del compañero les dio nuevas ideas para llevar a cabo sus actividades y grabar sus ensayos en sus hogares. A todas horas se consultaban entre ellos y me enviaban constantemente pedazos de videos y fotos de lo que iban trabajando.

Meses más tarde, cuando nos dimos cuenta de que no regresaríamos a la escuela a hacer las actividades como las teníamos pensadas por causa de la pandemia, rediseñamos el proyecto para que todos los niños de la escuela llevaran a cabo en sus casas las actividades en conjunto con sus padres, tal y como habíamos visto a aquellas familias en el piso del pasillo de apartamentos donde vivía el estudiante Pedro.

*****

Puedo aseverar, sin temor a equivocarme, que la mejor tecnología educativa que existe es el trabajo en equipo. Todo nuestro aprendizaje individual es para servir en función de nuestras relaciones con el mundo a nuestro alrededor y nuestros contextos sociales. Una de las cosas fascinantes que nos enseña la neurociencia es que nuestro cerebro humano está alambrado para aprender socialmente. Esto quiere decir, que nuestra naturaleza gregaria es nuestro vehículo más poderoso para el aprendizaje.

Por lo tanto, desde que descubrí el trabajo en equipo como oportunidad para elevar mi práctica docente, la experiencia en el salón ha sido mucho más lúdica para mí y mis alumnos.

Estructurar las experiencias de aprendizaje en proyectos grupales, bien diseñados, me ha permitido elevar mi práctica docente en varios frentes. Por un lado, esta herramienta me ha permitido desmitificar el concepto de la honradez académica y el plagio. Bajo la visión tradicional, el estudiante es penalizado si consulta con alguien para contestar un examen. De hecho, nosotros le llamamos a eso "copiarse" en el examen y lo hemos catalogado como algo vergonzoso y reprochable. No obstante, cuando nos enfrentamos en la vida a un problema real, buscamos ayuda, preguntamos, consultamos, queremos ver cómo otras personas lo han resuelto anteriormente y nos damos a la tarea de crear una solución que se adapte a nuestra situación por medio del tanteo y la reconciliación de todas las referencias que buscamos.

Inadvertidamente, hemos insertado en nuestros salones una discontinuidad artificial entre lo que son nuestras destrezas naturales de aprendizaje gregario, por un lado, y la tecnología educativa a la que llamamos "exámenes", por el otro. En estos ejercicios de examinación del aprendizaje, esperamos que los participantes resuelvan los problemas en un vacío social y les avergonzamos si intentan consultar con un compañero. Esta manera de estructurar estas funciones curriculares de evaluación y avalúo son en realidad un pedido a nuestros estudiantes que va contra la naturaleza de nuestro ejercicio social. Imagínese si de momento intentásemos requerirle a alguien que tiene que utilizar sus hombros para abrir una lata y lo avergonzamos y penalizamos si intenta utilizar sus manos.

Felizmente, mis cursos están diseñados de manera tal que a los alumnos les es requerido que consulten, que se pregunten, que tengan a Google en la mano en todo tiempo, que se comparen resultados y se cuestionen unos a otros por qué el ser humano a su lado ha llegado a la conclusión *X* o *Y*, poniendo a prueba de continuo si sus propias conclusiones están acertadas o no, y por qué. En lugar de pedirle a los estudiantes que entreguen una asignación escrita meramente, les requiero por diseño que busquen tres (3) maneras en las que otras personas hayan solucionado el problema propuesto, comparen las metodologías, critiquen las mismas y propongan la suya propia. La segunda instrucción es que esto lo tienen que hacer en grupo comparando sus opiniones y razonamientos. Los resultados han sido asombrosos.

*****

El término académico era enero intensivo de 2020, el curso era *Cultura Emprendedora*. Por diez días los estudiantes estarían conmigo en una clase de seis horas…POR VIDEO CONFERENCIA. El reto era significativo: cómo mantener una veintena de estudiantes envueltos en el curso por seis horas de corrido a diario por casi dos semanas.

Usando el ojo de orquestador, lo primero en agenda era ver cuántas y cuáles concentraciones habían representadas en el salón. Cada disciplina sería el equivalente a la tesitura de un instrumento musical distinto. El curso se prestaría para proyectos interdisciplinarios durante los próximos diez días.

Segundo, al comenzar en la mañana y terminar en la tarde, sentados frente a una computadora, este curso necesitaría un ritmo diario de calistenia mental e intenso trabajo en equipo. Esta oportunidad que la vida nos daba nos permitía establecer una buena dinámica de "crossfit" académico. Realizaríamos tres proyectos diarios, de dos horas de duración cada uno, en tres equipos diversos.

Los primeros dos proyectos diarios eran nuevos todos los días, con distintos compañeros de equipo, mientras que el tercero era un mismo trabajo que nutrirían y pulirían a diario con un mismo grupo. Así que, cada mañana, luego de la asamblea principal y discutir las instrucciones para el día, oprimía el botón de dividir el salón en grupos aleatorios y comenzaba la diversión. Si previamente había empleado la estrategia del trabajo en equipo con mis alumnos como una opción, en esta ocasión las circunstancias lo hacían obligatorio.

Alejandro: "Bien jóvenes, en estas dos semanas vamos a estar trabajando todos los días con una palabra central…permítanme escribírselas aquí en la pizarra digital…y la palabra es:
EXTRAPOLACIÓN
Alguien que le pregunte a Google y me diga qué significa esa palabra".

De inmediato comenzó la discusión en clase.

Alejandro: "Por lo tanto, la manera en la que trabajaremos es constantemente extrapolando los principios de nuestras diversas disciplinas y aplicándolos a otras. Alguien que me diga por qué".

Alumna 1: "Pues…porque así aprendemos de las otras concentraciones".

Alumno 2: "Para que podamos hacer comparaciones entre los conocimientos".

Alumno 3: "Para juntar lo de una disciplina con otra".

Alejandro: "¡Correctos todos! ¿Y qué ocurre cuando alguien hace eso que ustedes acaban de decir?"

Alumno 4: "Se hacen disciplinas nuevas".

Alumna 5: "Se crean productos nuevos".

Alumna 6: "Se mejoran las disciplinas".

Alejandro: "¡Eso mismo! Entonces, díganme eso en una palabra. Eso se llama…"

Alumna 7: "¡Innovación!"

Alejandro: "¡Correcto! El secreto de la innovación es la extrapolación. Así que, si usted quiere innovar en su disciplina, tiene que relacionarse con gente de otras disciplinas, aprender de ellos, conocer los procesos por los que pasan…y luego de un tiempo, algo maravilloso comenzará a suceder en su mente: usted comenzará a extrapolar conceptos de esas otras disciplinas y aplicarlos en la suya. Ese es el ejercicio neto de la innovación. Por lo tanto, en esta clase estaremos a diario conociéndonos e integrando nuestras disciplinas en diversos proyectos."

Ese gran equipo de estudiantes produjo propuestas de emprendimiento para restaurantes, líneas aéreas, laboratorios de ciencias forenses, servicios sociales para la población de ancianos, revitalización de centros urbanos, productos alimenticios para niños, programas académicos universitarios, entre otros. Era hermoso ver cómo esos alumnos diseñaron servicios de bellas artes para pacientes con Alzheimer usando los espacios vacíos de los centros urbanos.

Trabajaron propuestas de iniciativas educativas en ciencias marinas con alianzas entre diversas universidades. Diseñaron un restaurante con temática de laboratorio de química…con vasos en forma de tubos de ensayo y todo. Uno de los proyectos más interesantes fue cuando los estudiantes de ciencias forenses presentaron el proceso de levantar huellas dactilares con el propósito de que el grupo extrapolara esos conceptos para llevar a cabo una investigación de mercado en la industria de aviación.

Entre proyecto y proyecto, algo hermoso iba sucediendo. Los alumnos iban apreciando los detalles de las disciplinas de sus compañeros y comenzaban a pensar transversalmente. Uno de ellos me dijo en un momento, "Profesor, este curso me gusta porque desde que estoy haciendo estos ejercicios, encuentro que soy más creativo y eso me ayuda en mi negocio de camisas". Pero lo más hermoso fue cuando, al final del curso, una de las estudiantes de dijo, "Con esta clase he aprendido tanto de mis compañeros que me he percatado que venir a la universidad no es solamente tomar mis clases y ya…literalmente conversar con gente de otras concentraciones me ayuda a ser mejor estudiante de mi concentración. Y yo no sabía si seguir estudiando este próximo semestre, profesor, por esto de la pandemia y las clases a distancia. De hecho, me matriculé en esta clase a ver cómo me iba y decidir si me matriculaba o no en el semestre. Y quiero que sepa que gracias a la experiencia en esta clase…¡ayer hice mi matrícula para el semestre!".

*****

Dr. Padró: "Por encima de lo que ustedes aprendan en esta clase, aprendan a ser compañeros de estudios. Los profesionales exitosos no son los que más saben de su disciplina, sino los que mejores equipos hacen"

Este fue uno de los consejos que nos dio el Dr. José Padró, mi profesor de métodos cuantitativos a nivel doctoral. ¡Qué muchas cosas aprendí de él! Para Padró, la excelencia académica descansaba de igual forma en nuestra calidad humana como en nuestra disciplina al estudiar. Él nos recalcaba, semana tras semana, "busquen desarrollar la sana camaradería y el compañerismo de altura".

Es interesante cómo uno puede escuchar algo en diversas ocasiones en la vida, en distintos escenarios, pero llega un punto en el que a uno le hace sentido. Es como un momento de por fin entenderlo. Ciertamente, estas no eran las primeras veces que escuchaba consejos sobre el buen compañerismo, pero algo en la mirada y la voz de mi maestro me mostraba el camino práctico para implementarlo.

Hoy, cuando abordo a mis alumnos, mi meta principal con ellos es que el ambiente social en el que aprendan los conceptos del curso sea un ancla de valores hacia la sana camaradería. Por eso les explico siempre lo siguiente,

> Alejandro: "Jóvenes, no existe tal cosa como que usted va a ir a trabajar a un lugar y no se va a relacionar con sus compañeros de trabajo. Por más aislado que usted crea que es un trabajo, siempre nosotros trabajamos para alguien, recibimos insumos de gente, reaccionamos a los cambios en la demanda de las personas y sopesamos el impacto de nuestras acciones sobre otros y viceversa. Así que, no existe tal cosa como 'enfocarse en el trabajo' y dejar a la gente a un lado. Eso es una discontinuidad imaginaria. Usted tiene que desarrollar las destrezas de trabajar con gente, llegar a acuerdos, disculparse y admitir sus errores, ser misericordioso con los errores ajenos, escuchar las opiniones de los compañeros, reconocer las virtudes de otros, nutrir el respeto y admiración mutua y 'hacer equipo' celebrando y capitalizando las fortalezas y talentos de nuestros compañeros".

En una ocasión, la Rectora Wayland de Inter Metro le dijo a mis estudiantes, quienes la fueron a entrevistar para una clase: "Usted no tiene que saberlo todo. Lo importante es que usted sepa quién es la persona que sabe lo que usted necesita y sepa hablar con ese ser humano para presentarle su idea y llegar a un acuerdo que funcione para ambos". Por lo tanto, citando semestralmente a la Rectora, le digo a mis santos alumnos que lo primordial en nuestras clases es que se establezcan relaciones de altura, de respeto, de colaboración, de intercambios saludables, sabiendo que en varios años van a ser colegas en diversas instituciones.

La verdad es que siempre vamos a establecer relaciones con las demás personas en nuestro trabajo. Lo que tenemos que procurar es que éstas sean honrosas, productivas, respetuosas, saludables, y sí, amistosas. El que dice "En el trabajo yo no vengo a hacer amigos, yo vengo a hacer mi trabajo y a irme", se está aislando de inmediato y renunciando al sistema de apoyo indispensable para que el trabajo de todos luzca. Nadie lo sabe todo; todos necesitamos ayuda. Pero, no tan solo nos acercamos a los demás a partir de necesidades que tengamos; debemos procurar sustentar relaciones de compañerismo con gente de otros departamentos, disciplinas e industrias que no tengan conexión inmediata con las nuestras. Cuando estoy en reuniones de facultad en la universidad, siempre que puedo, busco sentarme al lado de alguien que no sea de la facultad de empresas para entablar conversación con ese docente. ¡Cuántos diálogos he tenido sobre justicia criminal, física cuántica, bioquímica, cálculo integral y diferencial, trabajo social, diseño, bellas artes, español, entre tantos otros!

Por consiguiente, para que mis santos alumnos aprendan sobre la sana camaradería y el compañerismo de altura, tengo que incluir en el diseño del curso modelarle este concepto en carne propia. Ahí es donde entran las colaboraciones con otros compañeros profesores de áreas aparentemente desconectadas unas de otras. Para mí era un placer inmenso sentarme a escuchar las explicaciones de biología molecular de la Dra. Ana María Lugo (de Inter Bayamón) cuando le explicaba a mis alumnos de emprendimiento el comportamiento de los linfocitos frente al COVID-19 una vez contaban con las inmunoglobulinas para atacarlo. O las veces que el Prof. Jonathan Martínez (de Inter

Bayamón), de la concentración de diseño de video juegos, le mostraba a mis alumnos los pasos para optimizar un modelo de un personaje en tres dimensiones para que un video juego lo pudiese mover en un celular. O las ocasiones que la profesora Idalia Colón (de Inter Metro), y pasada Secretaria del Departamento de la Familia de Puerto Rico, le ha hablado a mis estudiantes de emprendimiento social sobre sus experiencias desarrollando programas de impacto comunitario. Mis alumnos me tienen que ver colaborando con otros profesores y sus estudiantes para que tengan una referencia clara de cómo integrar compañeros de otras disciplinas en proyectos de altura.

*****

En una ocasión me reuní con la entonces directora de la Escuela de Economía de Inter Metro, la profesora Myrna Reyes, la Decana de la Facultad de Educación, la Dra. Carmen Collazo, y la directora de la Academia Interamericana Metro, la profesora Emely Astacio. Sobre la mesa de trabajo estaba la siguiente proposición: hacer un proyecto especial entre mi curso de Finanzas Gerenciales y los cursos Bellas Artes en la Educación y Juego como Estrategia de Enseñanza para enseñar los conceptos de los "ratios" financieros a los 200 estudiantes de Kinder – 12mo de la Academia Interamericana Metro.

Esta colaboración entre la Facultad de Empresas y la Facultad de Educación se articularía de la siguiente forma: mis alumnos de empresas trabajarían en conjunto con los estudiantes de pedagogía para traducir los principios de ganancias, costos, rentabilidad, rotación de inventario, punto de equilibrio, liquidez, entre otros, en juegos educativos que integraran las bellas artes. La Decana Collazo y la Directora Astacio acogieron a bien la iniciativa y luego el "¡Claro que sí!" de las doctoras Margarita Marichal (del curso de Bellas Artes en el Aprendizaje) y Yolanda Martínez (del curso de Juego como Estrategia de Enseñanza) sellaron la colaboración. Por las próximas semanas nuestros estudiantes se estuvieron reuniendo en diversos horarios durante y luego de sus respectivos cursos para diseñar las actividades. El reto era que TODOS los niños de la escuela tenían que participar, sin distinción de grado o si pertenecían a la corriente regular o educación especial.

Era maravilloso ver a ambos grupos de alumnos entrelazar y reconciliar sus conocimientos, ya que los de empresas eran los especialistas en el tema sustantivo del proyecto y los de educación eran los conocedores de las estrategias de enseñanza y adecuación pedagógica por etapas del desarrollo. Por un lado, mis estudiantes de finanzas aprendían de los compañeros de educación a cómo desmontar conceptos en su esencia para diseñar experiencias educativas para niños. Por otro lado, los alumnos de educación aprendían sobre las métricas de desempeño financiero de los emprendimientos comerciales. De manera que los estudiantes se necesitaban unos a otros para poder construir el diseño de las actividades para los niños de modo que se estuviese enseñando los temas de finanzas correctamente y empleando los vehículos educativos apropiados para niños de Kinder por un lado y adolescentes de 10mo grado por otro.

A esto hay que añadir otro detalle adicional. Los tres cursos participantes tenían estudiantes de diversas disciplinas dentro de sus facultades. Es decir, mi curso de Finanzas Gerenciales era uno medular de empresas, lo cual implica que quienes lo toman son todos los de las diversas concentraciones de mi Facultad: los de finanzas, contabilidad, gerencia, mercadeo, desarrollo empresarial, recursos humanos, y hasta tenía a un estudiante de enfermería que estaba tomando el curso como electiva. De igual forma, en los cursos de educación, los estudiantes eran de las concentraciones de educación en inglés, español, K-3ro, educación física, educación especial, intermedia y superior, entre otros.

Por lo tanto, todos los estudiantes míos de las diversas disciplinas de empresas hacían sus aportaciones al diseño de las actividades educativas desde los ojos de su disciplina. Es decir, los estudiantes de mercadeo y los de contabilidad pensaban en el concepto de ganancias enriquecido por los ojos de su disciplina. De igual manera, los estudiantes de educación física pensaban en expresar conceptos de manera kinestética, obligando a que los niños se moviesen de punto A a punto B, cuándo integraban motor fino (el uso de las manos) y motor grueso (el uso del cuerpo), al igual que los estudiantes de español e inglés veían las actividades desde el prisma de la expresión verbal, añadiendo momentos en las actividades en los que los niños explicarían los conceptos aprendidos.

Simultáneamente los compañeros de K-3ro y de educación intermedia y superior se encargaban de la adecuacidad por etapas de desarrollo, brindándole al grupo una brújula conceptual para encaminar las actividades. Hasta mi alumno de enfermería aportaba al diseño de las actividades desde su disciplina madre, ya que incluía elementos que obligaran a los niños a enfocarse en detalles y hacer selecciones cuidadosas. Por otro lado, los estudiantes de mercadeo aterrizaban los trabajos de los demás compañeros para que los niños terminaran entendiendo que todo esto caía dentro de las 4P (Producto, Precio, Promoción y Plaza).

La mejor de las evaluaciones que pudo haber dado alguien fue uno de los adolescentes de 7mo grado de la escuela, quien se me acercó al final de su actividad y me dijo, "Maestro, esta actividad estuvo 'dura'".

5 TODOS PUEDEN APRENDER

Estudiante doctoral: "Entonces doctor, ¿cómo es su proceso para estructurar sus acomodos razonables?"

Alejandro: "Mi curso completo es un acomodo razonable"

En las cocinas hay dos cosas opuestas en propósitos que deben coexistir: la comida y los detergentes. Esa es una relación bien rara porque nadie quiere detergentes en su plato, pero nadie quiere comer en platos que no hayan sido frotados con detergentes antes de ser usados. Las funciones de la comida y de los detergentes son contrarias: la comida sustenta la vida y los detergentes eliminan la mayoría de las formas de vida microscópicas que pueden existir en la cocina.

De hecho, las cocinas deben contar con unos tratamientos químicos para que las sabandijas no hagan comunidades en ellas. Pero, simultáneamente hay que evitar que los plaguicidas contaminen la comida que se guarda y se prepara en la misma cocina donde los aplican. Es un acto de balance delicado, pero que al mismo tiempo es tan común que lo logramos en la mayoría de las situaciones sin dificultades mayores.

Una relación parecida existe entre dos ideas interesantes en las instituciones educativas en donde se prepara el plato de la enseñanza: las provisiones para la prevención de pleitos legales versus las prácticas apropiadas de la educación. Hay una realidad en la que vivimos que requiere de unas consideraciones legales que permiten estructurar el flujo de servicios que se ofrecen a los alumnos, educadores, administradores y todo tipo de oficina de apoyo a la comunidad educativa. Pero al igual que con el ejemplo de los detergentes, es peligroso mezclar ciertos elementos de la práctica legal a los procesos educativos porque se desvirtúa la experiencia y se abren espacios para intercambios nocivos a las metas de aprendizaje.

Consideremos lo siguiente por un momento: las cortes existen para resolver las discrepancias entre los miembros de la sociedad. Estos eventos pueden ser desde desacuerdos civiles hasta faltas graves a nuestro contrato social en forma de crímenes. Lo cierto es que las cortes atienden, entre otras cosas, aquello en lo que fallamos en nuestro ejercicio de comunicación y sana convivencia. Con excepción de oficializar matrimonios, generalmente la gente no visita la corte para celebrar una bonita relación, sino porque alguien faltó a la decencia o se abandonó la virtud del diálogo, entre otras razones.

Para estas situaciones de combate intelectual y emocional, hemos entrenado un tipo de seres humanos como nuestras armas. Ellos nos defienden, piensan de antemano el próximo argumento que el contrincante va a presentar ante el juez y el jurado, diseñan estrategias para contrarrestar los testimonios de los testigos de la parte contraria, entre otros. Ese es su trabajo, defender en la arena legal los derechos de sus representados en medio de las dinámicas antagonistas de este proceso.

Por lo tanto, es de comprender que los componentes legales de las instituciones educativas propongan la mayor cantidad de medidas que protejan de antemano a la entidad de posibles litigaciones en los tribunales. Esto resulta a su vez en diversidad de prácticas y procesos con la intención de prevenir consecuencias legales mayores. Los efectos del cúmulo de estas iniciativas de protección legal a lo largo y ancho de las instituciones educativas, se dejan sentir en el salón de clases.

Como resultado de muchos litigios como estos, hay un concepto al cual hemos llegado en la conversación legal que conocemos como "acomodo razonable". Este término se utiliza en diversidad de sectores de la sociedad para referirse a las consideraciones y cambios que sea pertinente hacer para asegurar que todos tengan acceso a los mismos beneficios. En el campo de la educación, este término generalmente implica, entre otras cosas, cambios que el educador debe hacer en las actividades, evaluaciones y consideraciones para individuos con diversas situaciones que la sociedad entiende como meritorias.

Pero, hay que recordar que este término respira el aliento de las dinámicas antagónicas de las salas de tribunales y disputas legales. Por lo tanto, incluir este concepto en la experiencia educativa es peligroso y nocivo. Es tan perjudicial que no debe tener espacio alguno en mis interacciones con mis estudiantes. Por eso he eliminado del todo este concepto antagónico de mi práctica.

Lo triste de la forma en la que conceptualizamos y articulamos los mecanismos de acomodo razonable en la educación es que partimos de un lenguaje rehabilitador que ancla a los alumnos en desventajas. Es decir, de la manera en la que lo tenemos estructurado ahora, el acomodo razonable es nuestro gesto de buena fe con estudiantes que por alguna razón tienen ciertas "dificultades" que los demás no tienen y por lo tanto hay que crearle un espacio para que ellos puedan participar también. Esta manera de pensar erra en clasificar como "dificultades" lo que en realidad es la belleza de la neurodiversidad.

Piense conmigo en este ejemplo. Imagine por un momento a un compositor musical que sea diestro en escribir piezas para violín, viola, chelo y contrabajo. Sus criterios para componer son basados en términos de las tesituras de esos instrumentos, la resonancia de la caja de cada uno, el registro de las notas que pueden alcanzar, entre otras consideraciones. Ahora imagine que le indican al compositor que hay un oboe que hay que incluirlo en la composición.

De repente el compositor dice, "Bueno, ya me planifiqué y estructuré mi composición musical para instrumentos de cuerda, con caja de resonancia de madera y con un arco para hacerlos sonar. El oboe es desventajado porque por un lado no tiene arco y por otro no es polifónico y no tiene la capacidad de tocar más de una nota a la vez. Además, ese instrumento tiene la situación adicional de que se toca con la boca y por lo tanto hay que tener en cuenta que ese instrumentista va a tener que vaciarle la saliva de vez en cuando, y ¿dónde lo va a hacer? Pero pues, ni modo. Déjame ver qué 'acomodo razonable' se me ocurre para darle algunas notas del violín al oboe para que al menos pase por la experiencia".

Puedo aseverarle, sin temor a equivocarme, que **NO** ha nacido el compositor que tenga ese diálogo interno. De hecho, los compositores que hayan leído esas líneas se habrán reído y hasta insultado en su mente al compositor imaginario ese que le acabo de proponer. Por el contrario, si a un compositor le dicen que habrá disponibilidad para un oboe, los ojos le brillarán. Si al tiempo le dicen, "Mira, conseguimos un flautista también y un clarinetista", el compositor se frotará las manos con alegría. Y si por alguna razón se enterase que tendrá disponible fagot, contrafagot, trompas, trompetas, trombones, tubas, timpani, sección completa de percusión, xilófonos, arpa, clavecín, piano y un coro completo con bajos, tenores, contra altos y sopranos, moverá las cejas de arriba abajo mientras lanza una carcajada creativa "Buajajajajaja".

Para los compositores, la diversidad de instrumentos sinfónicos, modernos, electrónicos, indígenas, entre otros, representa que sus ideas musicales tendrán un gran cuerpo para ser expresadas. Créame que **NINGÚN** compositor piensa que tiene que hacerle "acomodos razonables" a instrumentos, la idea es irrisible. ¡Jamás de los jamases! El sueño de los compositores es llegar al grado de poder escribir para cualquier instrumento, en todas las posibles combinaciones que se le ocurran y escribir de forma que cada instrumentista sienta que la partitura es cómoda y natural al funcionamiento de su instrumento.

Por lo tanto, cuando veo alumnos que llegan a mí a comienzos del semestre con el documento de acomodo razonable que los profesores firmamos para efectos del Decanato de Estudiantes, ya sé que la orquesta de ese salón será más colorida ese semestre.

*****

En una ocasión, una estudiante doctoral de educación me entrevistó para su tesis. En un punto de la entrevista, me preguntó: "Entonces doctor, ¿cómo es su proceso para estructurar sus acomodos razonables con los estudiantes con diversidad funcional?". La miré con mucha alegría y le dije "Yo no hago acomodos razonables; mi clase completa es un acomodo razonable." Lo que procedí a explicarle a la joven fue lo siguiente.

En una ocasión tuve a un maravilloso adolescente tomando clases de piano en mi casa que tenía un oído especial para la música. Su forma de escuchar con atención el piano y la manera de tocarlo me enseñaba nuevas formas de experimentar el sonido y texturas de mi instrumento de toda la vida. Cuando yo tocaba el piano, el jovencito movía su cabeza de lado a lado, como si estuviese comparando el sonido por cada oído. Luego, cuando él ponía sus manos sobre el teclado, tocaba las teclas con los lados de la palma de cada mano y sus dedos meñiques. La estimulación sonora que recibía mi estudiante de piano era exquisita cuando entre él y yo tocábamos juntos alguna pieza musical.

Fuera de mi casa, ese adolescente era un estudiante de educación especial con un diagnóstico de estado avanzado de la condición mucopolisacaridosis. En otros entornos, él era un adolescente que no tenía maneras de ser entendido, solamente atendido. En mi casa, frente a mi piano, él era mi santo alumno con quien conversaba a través de las teclas del piano; yo escuchaba sus miradas y entendía su dialogo sobre el teclado. Años más tarde, en su funeral, mientras yo tocaba el piano acompañando a mis padres y hermano en los cánticos que dedicamos a sus familiares en su honor, sentía el agradecimiento a Dios por haberme permitido compartir tan elevadamente con mi santo alumno, de quien nunca escuché una palabra en español, pero su alegría en el piano habló fuerte y claro. Como decía mi bisabuela, Juanita Jiménez, "Todos pueden aprender; solo debes tener paciencia [como maestro]."

Le expliqué a la joven estudiante doctoral, "Mi salón es un lugar seguro para mis alumnos porque ellos aportan desde sus fortalezas, no desde acomodos para 'dificultades'. En mi salón no hay 'historias de superación', sino aportaciones dignas de la inteligencia y virtudes de cada uno de mis estudiantes".

Una de las revelaciones más importantes que he recibido en mi vida como educador fue cuando leí los trabajos de los investigadores Claude Steele, de la Universidad de Stanford, y Joshua Aronson, de la Universidad de Texas. En 1995, ambos publicaron un artículo en la revista *Journal of Personality and Social Psychology* titulado "Stereotype Threat and the Intellectual Test Performance of African Americans". Lo que descubrí en esa lectura me recordaba cuán acertadas eran las palabras de mi bisabuela y me lanzaba con ímpetu hacia eliminar en su totalidad el lenguaje rehabilitador, incluyendo los derivados de los "acomodos razonables".

Resulta que en ese escrito de los profesores Steele y Aronson se presentan unos datos que le dejan los pelos de punta a cualquier educador y nos hace repensar nuestra manera de abordar a las personas, y en particular a nuestros estudiantes. El cuarto estudio que ellos discuten en este escrito compara el efecto que tiene en los estudiantes negros en Estados Unidos tener que identificar a qué raza pertenecen justo antes de comenzar un examen de cuarto año de escuela superior. Los resultados son espeluznantes.

Los investigadores presentan cómo los estudiantes negros se ven severamente afectados en sus puntuaciones del examen cuando tienen que comenzar identificando su raza, en contraste con los que fueron directo a las preguntas. Los datos del estudio demuestran que cuando los estudiantes tuvieron que responder la pregunta de su raza, todos los prejuicios e implicaciones peyorativas sobre lo que significa ser negro en Estados Unidos entraba en control de su ejercicio de tomar el examen, porque subconscientemente no estaban tomando el examen como *estudiantes* sino como *negros*. Por el contrario, a los que no se les hizo esa pregunta, obtuvieron puntuaciones equivalentes a las de sus compañeros blancos.

Aplicando estos hallazgos investigativos de Steele y Aronson a la manera de abordar a todos nuestros estudiantes, si nosotros como educadores preparamos actividades para "la corriente regular" y le decimos a los individuos que no caen dentro del perfil de estudiantes "típicos" que le vamos a hacer un "acomodo razonable", estamos robándole su dignidad como estudiantes y seres humanos. Por eso, jamás le digo a un estudiante que viene a mí con la hoja de acomodo razonable, "estos van a ser sus acomodos", sino que luego de llenar la documentación que me requiera la institución, me siento a preparar actividades cuyo diseño no separe a los estudiantes por "acomodos", sino que todos puedan aportar en alianzas desde sus fortalezas y talentos. De manera que si tengo un estudiante que en la hoja de acomodos razonables dice que necesita tiempo y medio para sus tareas, las actividades estarán diseñadas entonces de modo que todos los equipos tengan amplitud de tiempo para trabajar sus proyectos.

En una ocasión tuve un alumno que fue líder en el curso en diversos proyectos que él y sus compañeros trabajaron. El estudiante trabajaba las actividades que hacíamos en el curso con amplia creatividad y entusiasmo. En una conversación al finalizar el proyecto, el joven me dijo casualmente, "En la escuela yo era de Educación Especial, pero ya yo salí de eso". Mi hermano Lucas, cuyo doctorado es en Educación Especial y Servicios de Transición, estaba conmigo en ese momento cuando el joven nos dijo eso y luego me explicó, "Ese alumno se desempeñó en tu curso como lo hizo porque en tu clase nunca fue un estudiante de 'Educación Especial', sino un estudiante". Ese es el poder del estudiante: ¡ser estudiante! Así, sin calificativos de ninguna clase.

"Por lo tanto…", le detallé a la estudiante doctoral que me entrevistaba, "…yo no tengo estudiantes con autismo, ni con disfluencias del habla, ni con déficit de atención, ni con dislexia, ni con distrofia muscular, ni con perlesía cerebral…yo solamente tengo *estudiantes*, mis santos alumnos, y todos son competentes, inteligentes y excelentes". Mientras le hablaba estas cosas en respuesta a sus preguntas cualitativas de su tesis, veía en sus ojos el despertar del entusiasmo que todo educador busca sustentar en su carrera. Al finalizar la entrevista y apagar su grabadora, me dijo emocionada, "¡Qué buena manera de comenzar mis entrevistas para mi tesis!".

6 ¡VAMOS A AVERIGUARLO!: EL APRENDIZAJE POR INVESTIGACIÓN

Alejandro: "...así que entonces, ingresos NO es ganancias. Recuerden bien, ingreso es el dinero que *entra* a la empresa, mientras que ganancia es el dinero que *sobra*. Así que, ¿qué tiene que haber entre medio de ingresos y ganancias?"

Alumna: "Gastos"

Alejandro: "¡Exacto! Los ingresos es lo que entra, los gastos lo que sale y ganancias lo que sobra – si sobra. Entonces, ¿cómo ustedes creen que se llama si faltó en vez de sobrar?"

Alumno: "¿Pérdida?"

Alejandro: "¡Correcto! Así que, cuando estemos pasando revista del dinero que ha entrado a la empresa y el que ha salido, hay que llegar a una de dos conclusiones: ingresamos más de lo que gastamos o gastamos más de lo que ingresamos. Lo más divertido de esto es que podemos 'tirarle una foto' a esta información en algo que se llama 'estado de ingresos y gastos'. Como toda foto grupal, hay que organizar a la gente para que todos se vean bien. Así que, en 20 minutos vamos a averiguar cómo se hace ese estado; saquen sus teléfonos con Google encendido y vamos a ver qué encuentran...y comenzamos en 3 – 2 – 1, ¡vamos!"

Buscar; qué ejercicio tan hermoso para nuestro cerebro. Cuando niños nos divertía el juego de buscar amiguitos escondidos y las piezas de un rompecabezas. De igual forma, de adultos nos gusta ir a las tiendas a pasar por la experiencia de "caza tesoros" (o "treasure hunt" como se le llama en mercadeo en inglés), descubriendo productos que no habíamos visto antes, comparando precios de diversos catálogos, entre otros. Pregúntese por qué nos encanta tanto ir a IKEA.

Hay algo que a nuestro cerebro le gusta sobre el proceso de la búsqueda con propósito. La aventura de agudizar los sentidos para descubrir las cosas, rastrear por dónde ha pasado algo, hipotetizar las razones y ponerlas a prueba, entre otras cosas, activan nuestra creatividad y solución de problemas. No podemos resistirnos a la intriga de un relato que se queda a medias y saltar preguntando, "Y entonces, ¿qué pasó?".

Como educadores, debemos analizar estas actividades que nuestro cerebro disfruta, identificar los factores que encierran esa sensación y usarlos en nuestra práctica docente. Por eso, cada vez que me encuentro en una actividad divertida, mi mente va trabajando en el trasfondo para hacerle la adaptación pertinente con el fin de usarla para articular alguna experiencia educativa. Así fue como me percaté del poder que tiene la función de búsqueda de nuestro cerebro en el aprovechamiento académico.

Póngalo a prueba con sus estudiantes; le sugiero el siguiente experimento. Compare cuánto recuerdan de algo que usted les dijo en comparación con algo que ellos buscaron y encontraron. Lo que yo explico en el salón puede ser comprendido en el momento, pero lo que mis alumnos buscan, encuentran y discuten conmigo se quedará con ellos más tiempo porque su cerebro lo adquirió; es "de ellos".

Es decir, aquello en lo que invertimos tiempo y esfuerzo al investigar, nuestro cerebro lo contabiliza en una cuenta de ganancias retenidas llamada *logro*. Todos celebramos, preservamos y compartimos nuestros logros por el valor que cargan para nosotros. En idioma de contabilidad, nuestros logros son la moneda con la que se capitaliza nuestro fondo de entusiasmo.

Por lo tanto, aplicando esto a mi salón, cuando tengo la

encomienda de que mis santos alumnos aprendan a hacer un *Income Statement* (estado de ingresos y gastos), estructuro la actividad como una secuencia de búsquedas de los diversos elementos de este informe. Por diseño evito ser yo quien explique los detalles del estado a estudiar y en cambio les coloco unas preguntas estratégicas para que sean ellos los que se muevan compelidos a buscar esa información.

Poco a poco, les voy pidiendo las diversas partes del estado para que juntos vayamos construyendo y discutiendo el formato, estructura, lógica, entre otros. Naturalmente las preguntas son de parte y parte. ¿Qué significa "depreciation expense"? ¿Profe, qué quiere decir EBITDA? ¿Cuál es la diferencia entre "operating income" y "net income"? ¿Quién me dice cuál es la diferencia entre "cost of goods sold" y "selling and administrative expenses"?

La estrategia es provocar que los alumnos busquen y traigan las diversas partes que componen el todo de lo que estamos aprendiendo. Luego, entre todos, le vamos dando norte, sur, este y oeste a lo que ellos traen, igualito que cuando niños montábamos un rompecabezas. Mi papel guiando el proceso es invocar su curiosidad, haciendo preguntas que obliguen al análisis.

Alejandro: "A ver, luego de pasar el trabajo de preparar estos cuatro estados financieros (*Income Statement, Balance Sheet, Retained Earnings* y *Cash Flow*)...¿para qué sirve eso?"

Alumna 1: "Pues...para saber cómo le va a la empresa"

Alejandro: "¿Y cómo vemos eso?"

Alumno 2: "Leyendo los estados financieros"

Alejandro: "¿Y cómo los leemos?"

Alumna 3: "Pues viendo qué dicen los números y evaluando si eso es bueno o malo"

Alejandro: "¿Y qué análisis usted haría para saber si los números que está viendo son buenos o son malos? ¿Cómo usted lo haría?"

Alumna 4: "Bueno, yo compararía unos números con otros...un ejemplo, yo compararía los gastos con los ingresos para verlos como en una proporción o algo así...no sé si eso está bien"

Alejandro: "Oiga, eso suena interesante. Pues les cuento que hay una herramienta de análisis que hace eso mismo que acaba de mencionar la compañera aquí. Para eso es que son los 'financial ratios'. Vamos a buscar entonces todos los ratios que encontremos en 20 minutos en Google y los conversamos...en 3 – 2 – 1...¡AHORA!"

*****

Una tarde de un martes me encontré en el pasillo de la Inter de Bayamón a la profesora Loida León, facultad de español. La profesora León siempre ha sido muy amable conmigo desde mis años como estudiante cuando me recibía en su salón para promocionar actividades de la Asociación de Estudiantes de Contabilidad y Auditoría, me permitía entrevistarla para proyectos de temas sociales y hasta me compraba pastelillos de guayaba cuando los hacíamos en mi casa "...para cooperar, aunque yo estoy a dieta". En esta ocasión le propuse algo divertido e innovador.

Le expliqué que mis santos alumnos del curso introductorio de contabilidad tenían como proyecto creativo hacer un poema sobre los estados financieros. Ella de inmediato se mostró entusiasta con la idea y hasta me dijo, "Pues en ese caso, creo que la estructura que más te conviene para darles un taller interesante es que escriban sonetos clásicos sobre esos estados". Acto seguido, procedió a explicarme que los sonetos son endecasílabos (que tienen 11 sílabas en cada verso), con rima consonante, y que distribuyen sus versos en cuatro estrofas, dos cuartetos y dos tercetos. Estos últimos como tercetos encadenados. "Los sonetos son poemas elegantes, Alejandro, y va a ser un reto interesante para tus estudiantes de contabilidad". Yo de inmediato coordiné con ella la grabación de un video conmigo para mis estudiantes en el que ella explicara la estructura del soneto.

Así que, la próxima vez que hablé con mis santos alumnos les dije, "Bueno jóvenes…ya que ustedes saben lo que son los estados financieros, tenemos un proyecto divertido. Ustedes, en equipos, van a escribir sonetos clásicos sobre esos estados. Yyyy, no se lo pierdan, al final del semestre se los van a presentar a un panel de profesores". Era cómico ver las reacciones iniciales de ellos, que todas giraban en torno a "¿Un QUÉÉÉÉ?", pero luego se lanzaron de lleno al asunto. Les dije "Vamos a hacer lo mismo que hemos hecho hasta ahora: hay que buscar las reglas de cómo se hacen los sonetos y articular lo que hemos aprendido sobre los estados financieros en esos versos…y tiene que quedar bien".

Así las cosas, los dividí en cuatro equipos para que cada grupo hiciera un soneto colectivo: un equipo para el *Income Statement*, uno para el *Balance Sheet*, otro para el *Retained Earnings* y el último para el *Cash Flow Statement*. Por un lado, buscaban información de la estructura de los sonetos, intentaban hacer las divisiones de las sílabas y aprendían el concepto de las sinalefas, entre otros. Por otro lado, trataban una y otra vez de montar rimas con los nombres de las cuentas y partes de los estados financieros.

Solo tenían varios días para este ejercicio, así que a todas horas me hacían preguntas y me enviaban diversas versiones de sus versos. Hubo gente escribiendo versos mientras hacían compra en el supermercado, otros desde la cocina de la pizzería donde trabajaban, otros desde el taller de mecánica. Incluso hubo un estudiante que llegó a trabajar en esta encomienda mientras estaba en un estudio de grabación haciendo música urbana.

La noche antes de la presentación final al panel de profesores, estuve recibiendo consultas de mis santos alumnos hasta altas horas de la noche, repasando con ellos las sinalefas que descuadraban las 11 sílabas, las rimas consonantes, los tercetos encadenados, entre otros. Yo les respondía, "…el tercer verso del segundo cuarteto tiene 9 sílabas, verifiquen las sinalefas", ellos me volvían a enviar la versión revisada.

Esta aventura los forzaba a tomar lo que en contabilidad se llama "presentación" (que son los estados financieros) y aprender una nueva forma de presentar estas ideas en formato de poesía clásica. Cabe recalcar que yo nunca había visto este proceso de hacer un soneto en equipo con varios cerebros construyendo un mismo discurso poético que tradicionalmente hace una persona...¡y encima con estudiantes de contabilidad! Verso tras verso, estrofa tras estrofa, los sonetos del *Income Statement, Balance Sheet, Retained Earnings* y *Cash Flow Statement* iban tomando forma para presentarlos al panel de profesores.

Luego de todo ese esfuerzo de mis santos alumnos, llegó el momento de enviarle los sonetos a las doctoras en español Yasmine Cruz (de Inter Metro), Loida León y Zoé Corretjer (ambas de Inter Bayamón) para sus reacciones. Según me compartieron ellas, cada una se sentó con mucho entusiasmo a preparar su crítica literaria sobre el trabajo de los recién estrenados poetas de contabilidad. Por un lado, esto no es algo nuevo para ellas porque evaluar sonetos es parte de lo que ellas han hecho en toda su carrera como profesoras de literatura. Sin embargo, me compartieron que fue refrescante para ellas ver cómo estudiantes que no son de esa concentración se dieron a la tarea de investigar esta estructura clásica y atreverse a crear metáforas, imágenes y juego de palabras con los conceptos de ingresos, gastos, activos, pasivos, capital, ganancia, pérdida, depreciación, dividendos, impuestos, entre otros.

Uno de los momentos más divertidos para todos fue cuando de cada grupo se escogió un representante que declamó ante el panel de docentes el soneto de su equipo. Algunos recitaban su poema con mucha emoción, otros un poco más tímidos, pero todos presentaron orgullosos el fruto de su labor al público. La doctora Yasmine Cruz cerró su participación al final diciendo, "Bueno, yo voy a tener que compartir esto, si ustedes me lo permiten, con mi hermana que es CPA para que vea cómo ustedes hilvanaron las disciplinas que nosotras escogimos en un mismo tejido poético".

7 ¿CÓMO USTED SE LO EXPLICARÍA A ALGUIEN QUE **NO** SEA DE SU CONCENTRACIÓN?

Alumna de biología: "Entonces, Bryant, en ese momento, tus neutrófilos abren como unas compuertas que tienen y le lanzan unas redes al patógeno como si fuesen *Spiderman* - de hecho, se llaman NETS, como la palabra 'redes' – mientras fagocitan al patógeno – que se lo tragan como si fuesen *PackMan*"

Así le explicaba una de mis alumnas del curso Cultura Emprendedora de Inter Bayamón el funcionamiento de los glóbulos blancos a un niño de séptimo grado, como parte de la edición de Inter Arecibo del PCEN[5]. El niño era parte del equipo de los universitarios de Inter Bayamón que estaban trabajando un video juego del sistema inmunológico para los niños de la escuela Dr. Cayetano Coll y Toste de Arecibo. Bryant era uno de los niños de la escuela que estaba participando en el equipo de trabajo a quien mis alumnos le mostraban el progreso de su trabajo y él brindaba su opinión y retroalimentación para que los universitarios depuraran su recurso educativo a tono con los gustos de los niños.

Como parte del proceso de colaboración con los niños, mis alumnos tenían que lograr tomar las descripciones científicas de los contenidos de biología y explicarlas de manera que nuestros compañeritos las entendieran, incluyendo los nombres técnicos de las cosas.

---

[5] Proyecto Cultura de Emprendimiento en la Niñez de MusiFeliz y la Inter

Así que, primero practicaron entre ellos, cada estudiante de biología explicando a los alumnos de otras concentraciones el comportamiento de los glóbulos blancos. Luego, los estudiantes de las demás disciplinas, y yo también, explicábamos en clase lo que habíamos aprendido de los de biología siendo ellos los que nos corregían. Una vez estuvimos todos claros con la teoría de los glóbulos blancos, nos dimos a la tarea de desarrollar las metáforas para explicarle a niños estos conceptos, sin aguarlos. Así que, mis alumnos tenían que buscar la forma de hacer dibujos e ilustraciones, buscar fotografías y videos de los glóbulos blancos en acción, entre otros, para preparase para hablar con Bryant. El criterio era claro, si él entendía, hicimos bien la explicación.

De hecho, una vez compartimos la información con Bryant, entonces le pedimos a que nos dijera cómo él se lo explicaría a los niños más pequeños, por ejemplo, a los de Kinder a tercero. Así que todos nos quedamos atónitos cuando él comenzó a repetir lo que le habíamos mostrado y a su vez lo metabolizaba y explicaba en sus palabras para los más pequeñitos. De hecho, en un momento nos dijo, "Bueno, esa parte de que los monocitos se convierten en macrófagos, podemos explicarlo como si fuesen un *Transformer*".

Escuchar a Bryant rumiando lo que había aprendido de los universitarios era invaluable. Nosotros acá tomábamos nota de todo lo que él nos decía y recomendaba mientras su mamá en el trasfondo sonreía viendo a su retoñito codearse con los tigres de la Inter. Por casi seis meses de trabajo estuvimos en estas hermosas reuniones en las que disciplinas distantes unas de otras tenían que reconciliarse para crear la sorpresa divertida del video juego educativo para los niños de la escuela.

La destreza central que nos fungía como agente catalítico para poder movernos de un punto a otro era el poder explicarnos unos a otros en el idioma en que el otro entendía. De manera que constantemente me encontraba haciendo la siguiente pregunta a mis santos alumnos, "¿Y cómo usted le explicaría este concepto a alguien que **no** sea de esta concentración?"

MIS SANTOS ALUMNOS

*****

Dra. Lizbeth Romero: "¡Quiero decir que me siento muy emocionada al ver cómo le vamos a mostrar a los niños estos conceptos avanzados de biología usando estas metáforas vistosas!"

Así cerró la reunión la directora del Departamento de Ciencias de Inter Arecibo, la Dra. Romero, en la que coordinábamos una grabación con sus estudiantes de biología en los laboratorios del recinto para integrarle luego las animaciones de los glóbulos blancos que el equipo de Inter Bayamón estuvo trabajando para el video juego educativo. Las palabras de la Dra. Romero me llamaron la atención, al punto que la sigo citando con regularidad. Su forma de describir las "metáforas vistosas" del video juego, articula el concepto central de lo que aspiro que mis alumnos logren.

Si usted busca en Google, encontrará varias versiones de esta frase que se le atribuye a Albert Einstein, "No sabes algo hasta que lo sabes explicar de manera sencilla". Lo cierto es que, según las investigaciones de la neurocientífica Mary Hellen Immordino-Yang, cuando explicamos algo a otras personas, no solo lo explicamos con nuestro intelecto, sino con nuestras entrañas[6]. Además, cuando escuchamos un relato con el que nos podemos identificar, también aprendemos con nuestras entrañas lo que estamos oyendo. En las imágenes del cerebro de las investigaciones de Immordino-Yang, se puede apreciar cómo se activan las áreas que controlan el funcionamiento de las entrañas cuando estamos escuchando historias que nos conmueven por la relevancia que guardan con nosotros.

Armado de este conocimiento, es importante que mis alumnos se den a la tarea de pensar en formas de explicar lo que aprenden en nuestro salón a personas de otras disciplinas, con ejemplos que sean relevantes a ellos. Por lo tanto, mis cursos se

---

[6] Vea el video "TEDxManhattanBeach - Mary Helen Immordino-Yang - Embodied Brains, Social Minds", de 2011, en la siguiente dirección: https://www.youtube.com/watch?v=RViuTHBIOq8

diseñan de forma tal que los alumnos tengan que desarrollar el pensamiento transversal y las "metáforas vistosas".

8 ¡VAMOS A ESCUCHAR!

Dr. Félix Cué: "Alex, mira, cada profesión tiene sus vicios que desarrolla en las personas que las practican. Es un efecto secundario de la manera que se articula la disciplina que se ejerce en sí. Todas las profesiones los tienen. Irónicamente, estos vicios, que son producto de la misma disciplina, estorban el funcionamiento óptimo de lo que puede llegar a ser esa profesión. Lo importante es que nosotros estemos al tanto de cuáles son para que intencionalmente los contrarrestemos y no suframos los daños de los vicios de nuestra profesión".

Con estas palabras sabias del Dr. Cué, mi apreciado profesor del MBA en Finanzas de Inter Metro, aprendí una gran lección que me ha ayudado a velarme a mí mismo y a enriquecer las experiencias educativas con mis santos alumnos. Esta era una clase distinta de parte de mi profesor de finanzas; no se trataba de fórmulas ni números, pero sí veía frente a mí tomando cuerpo en tiempo real los conceptos de rentabilidad y comparación de tasas de rendimiento aplicados al aprendizaje de mis estudiantes. Mi profesor me estaba entregando, y mostrando cómo usar al mismo tiempo, una herramienta educativa importante…y lo único que yo tenía que hacer para aprender era escucharle.

Los compañeros de la concentración de matemáticas saben que hay algo maravilloso que encierra el conocimiento del cálculo: lo que se conoce como cálculo integral y cálculo diferencial. Todos somos expertos en ambos ejercicios, aunque no hayamos escuchado de ellos por su nombre ni sepamos llevar a papel y lápiz las fórmulas que los representan. Solo con aprender a caminar, lanzar una bola a un canasto y encestarla, agarrar en el aire algo que de momento se cayó de una mesa, captar el sentido de situaciones cómicas, mirar una pieza de ropa y saber instintivamente si nos servirá o no, correr bicicleta, preparar una sorpresa anticipando la reacción romántica de quien amamos, todos son ejercicios de cálculo integral y diferencial.

Cuando escuchamos a alguien con atención, nuestras ideas comienzan a hacer un hermoso baile de cálculo integral y diferencial con el relato de la persona y nuestras propias vivencias. Por eso es tan importante sentarse a conversar con nuestros ancianos, por ejemplo, y en el caso de las disciplinas que estudiamos, es importante escuchar vivencias de cómo personas se han enfrentado a situaciones retantes y su proceso para solucionarlas. Por lo tanto, una de las cosas que mis santos alumnos tienen que hacer es entrevistar personas de las industrias y áreas que estamos estudiando en clase.

No es lo mismo que alguien te diga, "Hay que diseñar mensajes de mercadeo que sean relevantes al mercado meta", que escuchar a alguien contarte, "Mira, el mercadeo mío en Jamaica no servía para nada. Yo me pasaba poniendo anuncios y como que no veía la respuesta que esperaba. La mezcla de mercadeo estaba bien distribuida, tenía la cantidad de anuncios de prensa, radio y televisión que necesitaba, pero los números de nuevas ventas no se me daban. Hasta que me di cuenta de mi grave error. Yo estaba mercadeando eso con mi mente de puertorriqueño para un mercado jamaiquino que no responde de la misma forma porque la experiencia de compra es distinta".

Tampoco llega igual que alguien te diga, "Es necesario fomentar el diálogo intercultural en el ambiente laboral", que escuchar una persona decirte, "Mira, cuando yo me trasladé de la subsidiara A a la subsidiaria B, me encontré que la cultura de trabajo allá es bien jerárquica. Mientras que en la subsidiaria de donde yo provenía se consideraba algo bueno que el líder abriera diálogo y preguntara la opinión del equipo, en la subsidiara B eso se veía como inseguridad y hasta síntoma de desorganización de parte del líder. Así que, yo juraba que estaba siendo inclusivo con mi nuevo equipo, que los quería escuchar para hacer un ambiente participativo, pero al principio ellos se sentían que yo no sabía lo que estaba haciendo porque para qué quería la opinión de ellos. Así que me tomó un tiempo desarrollar con ellos el ambiente de trabajo saludable que ya yo había logrado en la otra subsidiaria".

Cuando escuchamos estos relatos, nuestra mente capta de inmediato el cálculo integral de lo sustantivo que la persona nos está contando y contabiliza el cálculo diferencial de las consecuencias, implicaciones, repercusiones y extrapolaciones para otros escenarios. Es decir, es doble el beneficio de escuchar las anécdotas de retos y soluciones de otros ya que por un lado aprendemos sobre el contexto directo de los acontecimientos, y por otro lado nuestra mente desviste estos relatos de sus destrezas, dinámicas y creatividad y se las prueba a ver cómo le quedan para nuestros propios retos. Por eso, cuando mis estudiantes entrevistan a emprendedores, a directores de finanzas, a presidentes de instituciones y hasta gobernadores, les instruyo a que presten atención a la magnitud de los retos, sus implicaciones y la profundidad, costo, efectividad y sostenibilidad de las soluciones que estas personas han logrado.

*****

Profesora Carmen Nazario: "No tienes que saberlo todo antes de comenzar. Según vayas necesitando saber algo, ahí lo vas aprendiendo. Recuerda esto, el conocimiento a su tiempo".

Con esta frase, la compañera profesora Carmen Nazario, de la facultad de trabajo social de Inter Metro, me animó a comenzar un proyecto que yo tenía en mente. Yo había llegado a su oficina para que ella me mentorara en el arte de combinar las aportaciones científicas de múltiples profesores simultáneamente. En años recientes, la profesora Nazario había pastoreado exitosamente un grupo de investigadores de las ciencias sociales con el fin de levantar estadísticas y análisis sobre el perfil de familias con diversidad de retos socioeconómicos en distintos pueblos de Puerto Rico. El éxito de la profesora me interesaba por el elemento de reconciliar, organizar y movilizar a múltiples profesionales simultáneamente para conseguir los datos concretos sobre estas familias para posteriormente planificar mejor las ayudas y programas de apoyo para las mismas.

    Mi primer recuerdo de la profesora Nazario desplegando sus poderes intelectuales fue en el teatro de la Universidad Sagrado Corazón de Santurce, en un panel en el que había diversidad de figuras públicas de Puerto Rico debatiendo sobre temas socioeconómicos del país. Uno de los puntos calientes del debate era si hacía falta o no más investigación social en Puerto Rico, porque, según el argumento presentado, se ha levantado ya mucha información a lo largo de los años que amerita acción. Cuando el moderador le pasó el turno a la profesora Nazario, ella puntualizó lo siguiente:

"Primero debo corregir la premisa de que en Puerto Rico no hace falta más investigación. Qué bueno que tenemos mucha ya lograda, no obstante, ahora mismo desconocemos una serie de datos para la asignación de fondos de programas comunitarios que como se está manejando es con cifras extrapoladas y ajustadas de Estados Unidos. Por lo tanto, literalmente se ha asignado recursos en Puerto Rico a base de estimados que salen de perfiles demográficos de otros lugares y no de las necesidades reales de la población que se está sirviendo. Así que, necesitamos continuar la investigación social en Puerto Rico para tener la información precisa en nuestras manos porque esto nos lleva a lo segundo: acción sin investigación primero es dar palos a ciegas[7]".

Así que, con esto en mente, le pedí a la profesora una reunión para visitarla a su oficina a una sola cosa: escucharla. ¡Qué manjar fue aquella reunión! La profesora me recibió con mucho entusiasmo y me explicó paso por paso cómo ella organizó las 16 investigaciones a las cuales le dedicó varios años de esfuerzo interdisciplinario en conjunto con diversos colegas. Al final me dijo, "Bueno, y cualquier duda adicional que tengas, me llamas y te explico". Escuchar toda esa tarde las anécdotas de la profesora me sirvió mucho para organizar luego diversidad de proyectos colaborativos con profesores y estudiantes de física, biología, trabajo social, justicia criminal, psicología, historia, español, empresas, educación, ingeniería y programación, entre otros.

*****

Profesora Idalia Colón: "Alejandro, la sana convivencia descansa sobre la habilidad de no herir sensibilidades"

La profesora Colón, también de la facultad de trabajo social de Inter Metro, fue una de las personas con quien aprendí niveles adicionales de elegancia profesional. La manera de ella conducirse en colaboraciones interdisciplinarias es notoria en la universidad. De hecho, en una ocasión, una persona de alta responsabilidad a nivel sistémico me comentó, "Estar en una reunión con Idalia es un placer siempre".

En una ocasión, le pedí que le hablara a mis alumnos de bachillerato y maestría de los cursos *Emprendimiento Social* y *Seminario de Responsabilidad Social Corporativa* sobre las iniciativas de impacto comunitario que ella había dirigido cuando fue Secretaria del Departamento de la Familia de Puerto Rico. Con mucha atención ella

---

[7] Nota jocosa; siempre que le cito esto a mis santos alumnos, cuando llego a esa parte final, lo termino con "¡ATÁNGANAAA!"

aceptó y les contó la historia de sus proyectos a mis alumnos enfocándose en los detalles de coordinar la colaboración entre agencias de gobierno, entidades comunitarias y el sector privado. El hilo conductor de todas sus interacciones era salvaguardar siempre las sensibilidades.

Yo vengo de una disciplina (contabilidad y finanzas) en la que tradicionalmente no figuran ese tipo de consideraciones ya que el enfoque son las métricas de desempeño monetario y las dimensiones emocionales no son parte de nuestro entrenamiento. Por lo tanto, mi práctica docente y de emprendimiento educativo fue elevada al escuchar a la profesora Colón puntualizar la destreza de velar por las sensibilidades como factor decisivo en el desempeño de un proyecto que eventualmente producirá resultados que aterrizarán en informes cuantitativos. Es decir, en igual grado de importancia que los méritos sustantivos de cualquier proyecto está la elegancia humana, el cuidado por las emociones ajenas, la atención a las sensibilidades, que yo como gestor cultive y vigile. Reflexionando sobre esto, me doy cuenta de que mi bisabuela Juanita Jiménez le llamaba a eso "tener roce social".

Así que cuando mis santos alumnos estuvieron expuestos a los relatos de la profesora Colón, mis instrucciones para ellos fueron que estuvieran atentos a los elementos de tacto humano que la profesora mostraría directa e indirectamente mientras contaba su historia. Ellos tenían que escuchar bien para detectar los armónicos del poder de la inteligencia emocional de la profesora que sonarían tan pronto ella comenzara a hablar sobre sus experiencias de colaboración.

La profesora Colón me señaló el camino hacia la destreza más poderosa de la comunicación humana, y la misma se alcanza por el arte de saber escuchar. Cuántos estudiantes, emprendedores, profesionales, vecinos, matrimonios, entre otros, sufren de desavenencias sociales por ignorar esta destreza central. Las sensibilidades ajenas son el vestíbulo de la buena voluntad de otros para con nosotros y si deseamos entablar colaboraciones con los demás, debemos desarrollar el oído para identificarlas, respetarlas, apreciarlas y no pisar la grama.

Cuando la profesora se retiró, la llamé para conversar con ella y darle las gracias por esa enseñanza. "¿Y yo te dije todo eso, Alejandro?", me preguntó asombrada. Le contesté, "Me lo dijo todo con solamente advertirme que no hiriera sensibilidades".

*****

Dra. Mary Williams: "No es lo mismo conocer el proceso que contar con la bendición"

Palabras con luz para acompañar un "hamburger" y papitas fritas del Burger King al lado de la Inter. Así me explicaba la Dra. Mary Williams, facultad de educación de Inter Metro, la necesidad de que los emprendimientos contaran con una bendición. Siendo la Dra. Williams fiel creyente, en esa frase estaba refiriéndose tanto a la bendición de Dios como a la buena voluntad de las personas envueltas en las colaboraciones interdisciplinarias en proyectos educativos de envergadura entre diversas instituciones. A veces los emprendedores jóvenes sufrimos de la idea de que, por lo novel de nuestras iniciativas, las mismas tendrán el éxito asegurado. Pero cuando los años de experiencia se sientan frente a ti a comer "Nuggets" y papitas para conversar contigo, te conviene escuchar.

La Dra. Williams me hablaba con una hermosa combinación de décadas de experiencia y aprecio de anciana sabia, mientras me explicaba que hay un cúmulo de buena voluntad latente en personas de influencia en diversidad de posiciones en todas las instituciones, y que la gente sabia sabe accesarlo. Puedes conocer los pasos a seguir, pero la bendición te abre las puertas para que puedas llevar a cabo esos pasos que conoces. Por lo tanto, la sustentabilidad de nuestros proyectos de emprendimiento depende de cuán bien sepamos conducirnos con las personas involucradas.

 Estas palabras de la Dra. Williams son pesadas, particularmente cuando nuestro refranero nos enseña que "no somos un billete de $100 para caerle bien a todo el mundo" y la actitud generalizada del emprendimiento es que "luches a pesar de la oposición". Pero la sabiduría entre "Nuggets", papitas y kétchup que la Dra. Williams estaba compartiendo conmigo era solo para personas que supieran escuchar. Mirándome a través de sus espejuelos, la profesora me compartía, con la calma y tesón que solo la convicción de la experiencia ofrece, que el arte de escuchar a los demás es igual de beneficioso para el crecimiento personal como para el profesional.

 "No es lo mismo conocer el proceso que contar con la bendición" quiere decir tantas cosas que al pasar el tiempo sigo aprendiendo de esa frase de la Dra. Williams. Por eso es importante que mis santos alumnos identifiquen personas mayores en contabilidad, finanzas, mercadeo, recursos humanos, negocios internacionales, gerencia y liderazgo, entre otros, y los entrevisten. Las lecturas técnicas de los libros de texto nos enseñan los procesos a los que la Dra. Williams se refería, pero los relatos de los ancianos nos enseñan cómo accesar la bendición de nuestros emprendimientos.

9 LA LEY DEL 90/10

Alejandro: "Bien, ahora recuerden la ley del 90/10. Cuando lleguemos a la escuela, algo que ahora mismo no sabemos qué es ni cómo sucederá, nos requerirá que hagamos algún cambio a última hora. Puede ser que se vaya la luz y tengamos a todos los niños en la cancha. Puede ser que un día antes, algo haya bajado de las oficinas centrales del Departamento de Educación y el director tiene que llevarse a los maestros y tengamos que recalendarizar la actividad. Puede ser que nos consoliden, por alguna situación, varios grupos adicionales y tengamos 100 niños más con los que no contábamos. Cuando llegue esa situación, la que sea, nos toca ajustar, repensar, extrapolar y solucionar en el momento...y tiene que salir bien. Porque del 100% de lo que planificamos, solo el 10% le daremos seguimiento y el restante 90% requerirá de algún ajuste en el camino".

La misión de Apollo 13 de la NASA sufrió un terrible accidente en el espacio en el que la mitad de la nave explotó y puso en riesgo la vida de los tres astronautas que estaban dentro. Dentro de todas las situaciones que surgieron a partir de esa explosión se encontraba la pérdida de tanques de oxígeno para la misión completa y un incremento en bióxido de carbono dentro de la nave. Había que hacer algo pronto o morirían los tres hombres asfixiados por su propia respiración. Entonces sucedió algo realmente impresionante.

El equipo de ingenieros en la tierra se dio a la tarea de construir un filtro de aire utilizando solamente como materiales cosas que estuviesen dentro de la nave. La idea era descifrar cómo hacerlo, estipular claramente los pasos y luego guiar a los astronautas por radio para que lo recrearan dentro de la nave. A todo esto, hay que añadirle que el tiempo que se echarían los científicos en su diseño era tiempo que aumentaba el nivel de bióxido de carbono para los astronautas, así que había que resolver rápido.

Busque en Google "Apollo 13 filter" para que vea el resultado final. De hecho, busque también en YouTube la escena "Apollo 13 filter scene" de la película del mismo nombre de 1995, dirigida por Ron Howard y con los actores Tom Hanks, Kevin Bacon y Bill Paxton como los tres astronautas. Cuando salió esa película, mi padre nos contó a mi hermano Lucas y a mí que él recordaba esas noticias cuando décadas antes había sucedido ese evento. Así que, ese filme se convirtió en una de las películas más vistas en mi casa durante mi adolescencia, tanto por mi hermano y yo como por nuestros padres.

Tantas veces que vi ese relato de los ingenieros construyendo un filtro de aire usando páginas de cartón, tubos de traje de astronauta, medias blancas y cinta adhesiva, entre otras cosas, despertó en mí la curiosidad por resolver problemas con lo que tuviera en la mano y para ahora mismo. Me llama a la atención el enfoque que hubo sobre esa mesa de trabajo sabiendo que la vida de tres hombres dependía de cuán creativos fuesen esos ingenieros. De modo que, no tan solo el ingenio que emplearon, sino la rapidez con la que actuaron salvó la vida de los astronautas.

Por lo tanto, a mis santos alumnos les explico lo siguiente. En la vida y en el emprendimiento habrá imprevistos. Algunos pueden ser predecibles y uno se puede preparar de antemano para ellos. Pero como nunca estamos en conocimiento del total de las variables que hay operando en la vida, hay cosas que no caen dentro de las contingencias presupuestadas y que sucederán porque sucederán. A esto es a lo que cariñosamente le llamo la ley del 90/10. Les explico a mis alumnos que el 90% de las cosas que planificamos no van a salir de esa manera, sino que van a necesitar ser reevaluadas, modificadas, ajustadas, y a veces cambiadas por otras en su totalidad. Solamente el 10% podrá salir más o menos como lo teníamos pensado. El emprendedor que sabe eso, no se deprime. El líder que está al tanto de esa realidad, es más empático con su gente. El maestro que conoce este fenómeno sabe cómo lograr que no se le pierda ni una de las ovejitas de su salón.

Por lo tanto, si uno está preparado mentalmente para resolver el imprevisto que se presente, cuando se presente, con los recursos que se tengan en la mano en ese momento, se podrá proceder con mayor estabilidad emocional en esas circunstancias. No se trata de perder la mente pensando en un sinfín de escenarios, sino de tener la actitud de que lo que sea que se presente, se trabajará con los recursos que haya disponibles. Al pasar los años, he visto vez tras vez cómo mis santos alumnos han tenido que resolver en el momento con lo que tienen ante diversidad de imprevistos, y siempre al final me dicen, "Profe, gracias por avisarnos".

*****

Durante el semestre de enero a mayo de 2021, estuvimos trabajando la edición de Inter Arecibo del PCEN[8] para la cual los estudiantes de Inter Bayamón aportaron el video juego del sistema inmunológico. Ya a finales de abril, el profesor de diseño de video juegos, Jonathan Martínez, tenía calendarizado el programa de trabajo con su equipo de estudiantes para las próximas semanas presentar el producto final a los 576 niños de la Escuela Dr. Cayetano Coll y Toste de Arecibo. En varias ocasiones durante el semestre, Martínez nos explicaba a los demás miembros del equipo que los de diseño de video juego calendarizaban la producción dividiendo las etapas de conceptualización, "storyboards", diseño de personajes, crear los modelos en 3 dimensiones, programar, entre otros. Así que, siempre

---

[8] Proyecto Cultura de Emprendimiento en la Niñez de MusiFeliz y la Inter

gerenciando bien a su equipo, el profesor Martínez les tenía las semanas divididas a sus alumnos por tareas y logros específicos. La fecha de la actividad en línea era el viernes, 21 de mayo de 2021.

No obstante, una semana antes de la actividad, me indicaron de la escuela que, debido a unas situaciones en el Departamento de Educación, había que mover la actividad para el lunes, 17 de mayo. Yo de inmediato llamé a Martínez para darle las no tan buenas nuevas. A lo mejor cinco días de diferencia para otras tareas no hace mella significativa, pero cinco días de programación por 4 programadores es un montón.

Así que, los alumnos de Martínez estuvieron trabajando a sobre tiempo, y los demás no podíamos ayudarles porque quienes único sabían hacer esa tarea eran ellos. Sabiendo el apuro en el que ellos estarían, le dije al profesor que se enfocara en algo que sí se pudiese tener listo para tan corto tiempo y en los días subsiguientes a la actividad se actualizaba con la versión completa. Así que, el profesor y su equipo llevaron a cabo su selección y dirigieron sus esfuerzos en esa dirección.

En la mañana de la actividad, recibí un mensaje de texto de Martínez que decía, "Profesor, tenemos unos detalles que estamos puliendo, pero estaremos listos para el momento de nuestra presentación". Me imaginé que estarían corrigiendo algún "bug" de esos que aparecen a última hora con estos productos electrónicos. Pero no tenía ni idea de lo que había pasado y lo que estaría sucediendo durante las próximas tres horas.

Resulta que la noche anterior, ellos probaron que todo estuviese corriendo como debía, que todo estuviese en orden y listos para por la mañana. Antes de retirarse, decidieron editar una línea de código para que abriese más rápido el video juego en diversos dispositivos. Entraron las instrucciones, verificaron que estuviese en orden todo y cerraron operaciones por el día.

Por la mañana, cuando Martínez se reunió con ellos para hacer la última prueba de verificación…tan, tan, taaaaaaaaan…nada subía. El juego no funcionaba, no se movían las pantallas, no aparecían los personajes, no levantaba la programación. Nada de nada. Los estudiantes de inmediato entraron en pánico, "¡Profeeeeee qué vamos a hacer!", a lo cual Martínez, con su característica calma, les dijo, "No se desesperen, vamos a ir línea por línea de la programación, nos toca el turno a las 11:30am y son las 8:00am, así que nos da tiempo".

Se dividieron el código entre todos y comenzaron a revisarlo. Cuando comenzamos la actividad a las 10:00am, todos ellos se conectaron y hasta el profesor Martínez tuvo su saludo inicial para los niños. A todas estas, yo desconocía lo que estaba sucediendo tras bambalinas, habiendo estado trabajando yo la noche anterior afinando detalles de las animaciones de MusiFeliz que presentaríamos a los niños en esa actividad.

Alejandro: "Bueno y con nosotros tenemos al profesor Jonathan Martínez de Diseño de Video Juegos que tiene como que una sorpresa para nosotros dentro de un ratito. ¿Verdad profe?"

Prof. Jonathan Martínez: "¡Sí, les va a gustar mucho!"

Alejandro: "Profe, ¿quedó divertida la sorpresa que usted y sus estudiantes prepararon?"

Prof. Jonathan Martínez: "¡Así mismo es, profe!"

Y los alumnos de él decían entre dientes: "¡Sí, bieeeen divertida que está quedando!"

Martínez estaba con un oído en la actividad y el otro en la reunión virtual con sus alumnos resolviendo a paso veloz el problema de programación. Luego de como hora y media de intentar infructuosamente de encontrar el problema y no poder, Martínez les dijo a sus alumnos: "Jóvenes, se nos está acercando el turno y todavía no tenemos nada. ¿Cuán rápido podemos montar un solo nivel del juego entre los 4, solamente para mostrarlo y con lo absolutamente necesario?". Ellos dijeron, "Como 45 minutos, profe", "Bien, tenemos 20, manos a la obra" cerró Martínez.

A todas estas yo estaba con la Dra. Ana María Lugo y su alumno Álvaro en un drama sobre los linfocitos y sus anticuerpos para combatir al COVID-19 y de vez en cuando volvía a mencionarle a los niños, "Bueno, en breve viene la sorpresa que todos estamos esperando con el profesor Martínez y sus estudiantes", a lo que Martínez prendía su micrófono y cámara y contestaba, "¡Dejen que la vean que está bella!", y sus alumnos levantaban las cejas frente a sus monitores mientras decían a coro, "¡Bieeeen bellaaaa!". Me cuenta Martínez y sus estudiantes que nunca en la vida había habido un grupo de programadores escribiendo código, poblando bibliotecas de modelos 3D, asignando sonidos, ajustando mecánicas, moviendo topografía de sitio, tan rápido como ellos 4…y saludando al público mientras lo hacían.

En un punto Martínez les dijo a sus alumnos, "Bueno jóvenes, ya se ve bien, vamos a dejarlo ahí", pero uno de ellos le dijo, "Espere un momento profe, que no me está cargando mi parte". En ese momento yo anuncié, "Bueno, y ahora ha llegado el momento taaan esperado por todos, el punto de esta actividad en la que nuestro profesor Martínez y sus estudiantes nos tienen su famosa sorpresa. Les voy a pedir a todos un fuerte, fuerte, fuerte aplauso para el profesor y su equipo", y la Dra. Ana María Lugo dijo desde su micrófono, "Sí, miren que yo soy la primera que quiero ver lo que estos estudiantes han hecho porque me dicen que está DE 'SHOW'. ¡Dale súper Martínez!" (como ella cariñosamente lo apodó durante el semestre. Martínez tragó profundo, prendió su cámara y micrófono y con su sonrisa nos saludó a todos, "Bueno, bueno, ya estamos aquí con mucha emoción, alegría y ganas de compartir lo que hemos estado trabajando con tanto amor para ustedes", mientras sus estudiantes le decían por el audífono "Profe siga hablando en lo que esto sube".

En ese momento, me dio con improvisar un diálogo que no estaba en el libreto con Martínez:

Alejandro: "Bueno, Martínez, cuéntame. ¿Por qué tú decidiste estudiar Diseño de Video Juegos?"

Uno de sus estudiantes le dijo por el audífono: "¡Es que yo amo al Dr. Ríos con sus improvisaciones! Profe, dele conversación ahí". Martínez les escibió en el chat de ellos, "¡AVANCEN!".

Prof. Jonathan Martínez: "Pues mire profe, desde que yo era chiquito a mí me gustaban mucho los video juegos y cuando fui a la universidad me enteré que podía estudiar cómo hacerlos..."

En ese momento, uno de sus alumnos dijo: "¡Ya me salió! ¡Me salió! ¡Por fin!". Los demás celebraron y...se le fue la luz al estudiante.

Por el chat de WhatsApp de ellos se escuchó el "voice note" del joven: "Miren se me acaba de ir la luz AHORA MISMOOOOO. Suerte que la computadora la tengo conectada a la batería. Pero ahora no tengo Internet para enviar esto. Denme un momento en lo que le pongo el WiFi del celular. ¡Anda! Me queda poca batería en el teléfono".

El alumno le puso el WiFi de su celular a la computadora y comenzó a subir lentamente lo que tenía.

Martínez, escuchando todo esto, no rompía su personaje y seguía conmigo en el diálogo.

Alejandro: "Entonces profe, ¿estos niños pueden estudiar diseño de video juegos también cuando vayan a la Inter?

Prof. Jonathan Martínez: "¡Así mismo es! Pueden estudiarlo y crear sus propios video juegos y dar a conocer en el mundo entero los video juegos puertorriqueños levantando nuestra industria".

Estudiante por el chat de WhatsApp: "YA SUBIÓ PROFE, TODO SUYO"

Prof. Jonathan Martínez: "Así que profe, yo creo que, sin más preámbulos, podemos mostrar la sorpresa ahora, si usted y los niños quieren".

Alejandro: "¿Qué ustedes creen? ¿Quieren ver la sopresaaaa?"

Niños: "¡Síiiiiiiii!"

Alejandro: "Bueno profe, no los voy a hacer esperar más. Adelante con la sorpresa".

El profesor Martínez compartió su pantalla, oprimió el botón de iniciar el video juego y todo fluyó como esperábamos. Les mostró a los niños la sorpresa, les enseñó a jugar con los controles, les explicó qué representaban los personajes glóbulos blancos de acuerdo con la explicación de la Dra. Ana María Lugo y luego al final les compartió el enlace del video juego a los padres para que los niños se conectaran. Yo ignorante de todo lo que había sucedido le pregunté al profesor frente al público: "Martínez, ¿y eso da mucho trabajo hacerlo?". Él se sonrió y dijo, "Bueno, da su trabajito, pero cuando a uno le gusta lo que hace, no se siente como trabajo". Uno de sus estudiantes dijo por el audífono: "A mí me duele el cuello ya por esta aventurita".

10 VEO ESTUDIANTES DE A

Esa mañana del examen comprensivo doctoral, escuché el sonido de unas sandalias conocidas en el pasillo que se acercaban al salón. En mi rostro aparecía una sonrisa según el sonido se acrecentaba. Cuando entró por la puerta ese anciano de días y sabiduría, el Dr. José Padró, levantó su mano derecha hacia nosotros y dijo: "Veo estudiantes de A".

Al pasar los años, sigo aprendiendo de Padró cuando medito en la manera que él nos hablaba. Su estrategia docente más poderosa era lo que él nos decía sobre nosotros mismos en sus cursos de matemáticas. Uno se sentía que sabía de matemáticas avanzadas cuando él le dirigía validaciones como "Qué bien usted maneja esas fórmulas. Se nota que comprende bien el concepto".

Cada vez que leo investigaciones sobre las emociones en la neurociencia del aprendizaje, me percato de que Padró era un genio natural en estos temas. En el punto de su vida en el que yo lo conocí, la experiencia le había brindado la destreza de saber qué palabras para sus alumnos eran las que se necesitaban en el momento preciso, siempre. Dentro y fuera del salón, el Dr. Padró de continuo tenía un comentario de altura para sus discípulos, de los cuales yo tuve el placer y privilegio de ser uno.

De hecho, una de sus frases para nosotros era, "Recuerden que ustedes son de la alta sociedad". A estas alturas me percato de que esa frase tenía dos propósitos en el salón. El primero, era dejarnos saber su buena voluntad para con sus estudiantes; el segundo, era apelar a nuestra responsabilidad y compromiso con los estudios. Era una invitación a que nos ubicáramos en el papel de discípulos competentes y nos desempeñáramos como tales.

De alguna forma, me imagino que como resultado de muchos años y su buena voluntad para con nosotros que lo caracterizaba, Padró descubrió el poder de convertir a un estudiante promedio en sobresaliente, solamente por hablarle; a mí siempre se me ha parecido a lo que Dios le dijo a Moisés cuando le encomendó que le hablara a la peña para que diera agua, en lugar de golpearla con la vara. Quizás Padró leyó ese pasaje y decidió aceptar el reto. Lo cierto es que con sus palabras lograba abrir la fuente de la proficiencia matemática en el alumno que fuera.

Pasar por el salón de Padró le elevaba la experiencia estudiantil y profesional a cualquiera. Ver a un ser humano que es un experto en su tema, doctor en matemáticas teóricas y abstractas, con la capacidad de hacerte sentir digno de hablar con él en su liga, sostenido de su mano, y devolverte a tu camino como estudiante, con ánimo, es un placer que se tiene pocas veces en la vida. De hecho, él tenía una frase que nos repetía a sus alumnos, al personal del departamento, a los guardias de seguridad, a los compañeros profesores y a todo el que él notaba que la necesitaba: "¡Ánimo!".

Pensando en mis alumnos y en lo que aprendí con mi maestro Padró, veo ese ánimo que necesitan los estudiantes como un lago que se nutre de muchos ríos. Uno de ellos son mis palabras como docente. Tengo que enfatizar lo siguiente que vi en acción con Padró: hay un gran poder educativo en las validaciones que dedicamos a nuestros alumnos. Estas pueden ser la diferencia entre alguien que se frustra o descubre caminos constructivos en su disciplina de estudio escogida.

Por ejemplo, recuerdo en una ocasión que el Dr. Ramón Ayala, de la facultad de empresas de Inter Metro, recibió una pregunta de un alumno en un panel que hablaba sobre la crisis económica en Puerto Rico. El estudiante se atrevió a preguntar, "Doctor, ¿cómo se puede resolver el problema de la corrupción gubernamental?". Ante esta pregunta, varias personas en el público se rieron. El Dr. Ayala, tomó el micrófono y dijo, "Joven, le felicito por esa pregunta, porque es una pregunta de valientes. Solo alguien con la curiosidad genuina dirige esa pregunta a un panel como nosotros", y luego procedió con lo sustantivo de su respuesta. Yo estaba en el público viéndolo todo y recuerdo ese momento del Dr. Ayala como una clase magistral de tacto de un verdadero docente.

Puede que la risa espontánea de algunos no haya sido de mala intención, sino una respuesta coloquial a una situación que aparentemente siempre estará presente en las estructuras gubernamentales de los países. No obstante, el Dr. Ayala tuvo el tacto de validarle al joven su interrogante y abordarla con toda la seriedad de educador que conllevaba el momento. Con su elegancia profesional, el Dr. Ayala tomó algo que pudo haber pasado por un momento jocoso y despachado como tal y lo convirtió en una experiencia de aprendizaje constructivo, emplazado por el sentido de respeto a la dignidad de las interrogantes de un alumno.

El primer curso doctoral que tomé fue *Comportamiento Organizacional*, con el Dr. Rafael Colón Cora, quien se encargó de puntualizarnos la importancia de proteger el sentido de autoeficacia de las personas que lideramos. Es muy peligroso para el desempeño profesional de alguien asumir el manejo de algo con constantes dudas de sí mismo. Por lo tanto, la autoeficacia, la cual es la medida en la que nos sentimos capaces de llevar a cabo algo, es a lo que debemos apelar en los contextos educativos y ser intencionales en nutrir la misma en nuestros alumnos. Es decir, nuestro trabajo como educadores nos exige que monitoriemos cuán capaces y proficientes se sienten nuestros alumnos; no solamente cuánto lo sean, sino cuanto sientan que lo son.

En una persona que tiene unas destrezas y recursos, pero no se siente capaz, su falta de autoeficacia lo frena de lo que sí puede hacer con lo que sabe y tiene a su alcance. De igual forma, alguien que no necesariamente cuente con los recursos óptimos para algo en lo que sí se siente capaz, puede lograr de todas formas llegar a los resultados que tiene en mente extrapolando e innovando con otros recursos que sí tenga disponible. Por consiguiente, en nuestros salones de clase, y se aplica también para todo tipo de liderazgo, es importante educar con la batuta de la autoeficacia. Desconocer esto, lleva a contraproducencias educativas porque si se intenta que el alumno pula una destreza llamando la atención a la carencia de esta, el mensaje al estudiante es "no tienes la destreza que se necesita para esto". Por el contrario, al abordar a un estudiante desde sus fortalezas, el mensaje que recibe es "tú tienes esta destreza que te puede llevar a desarrollar esta otra destreza que te servirá para resolver este reto".

Lo aprendido con los diversos cursos con el Dr. Colón Cora me permitió articular la idea de la siguiente forma: los profesores tenemos en nuestras manos el interruptor de la autoeficacia de nuestros alumnos. De igual forma que las palabras de un médico afectan directamente el ánimo que un paciente tiene para con su salud, las palabras del docente afectan el ánimo y sentido de autoeficacia que se tiene para estudiar una disciplina.

Por lo tanto, con su saludo de, "Veo estudiantes de A", el Dr. Padró nos decía simpáticamente, "Vengo a tratarlos como que son de A; traigan su A al salón a diario". El secreto de Padró era que él lograba que nosotros alcanzásemos la A en las matemáticas elevadas de su clase estimulando con sus palabras la A de nuestro ánimo.

La última vez que lo vi, se despidió de mí con sus acostumbradas palabras, "Recuerda que tú eres de la alta sociedad", se dirigió a su clase y yo a la mía.

*****

MIS SANTOS ALUMNOS

Estudiante de primer año: "Profesor, necesito que usted me firme el papel para darme de baja de la clase porque me voy a cambiar de la concentración de contabilidad"

Alejandro: "Oiga, pero ¿cómo usted se va a cambiar de la concentración más bella que existe?"

Estudiante de primer año: "Es que en verdad no estoy entendiendo mucho de la clase y estoy un poco perdida"

Alejandro: "Pues, le voy a decir un secreto. Ninguno de los profesores sabíamos nada de contabilidad cuando empezamos como estudiantes. Así que, si es por eso, no se apure. Para eso es que yo estoy aquí, para llevarlos de la mano y explicarles todo lo que no entiendan"

Estudiante de primer año: "Ah bueno, pues en ese caso, me quedo porque en verdad me gusta la clase"

Alejandro: "¡Vale! Pues ahora, escríbame los temas en los que tiene duda y con gusto se los explico"

Esa fue la estudiante que más se esforzó en ese curso, líder de su grupo, se rehusaba a no entender, me preguntaba 20 veces, me volvía a preguntar 10 más, me escribía sus dudas los fines de semana, siempre participaba en la clase. Cuando terminó el semestre, le escribí el siguiente mensaje, "Alumna, invite usted misma hoy a su familia a un mantecado para celebrar que usted…¡sacó A en contabilidad! Le felicito por haberse dado la oportunidad y por su esmero este semestre. Le auguro mucho éxito en la concentración".

En otra ocasión, recibí un mensaje de texto de un exalumno de Inter Fajardo que decía lo siguiente: "Profesor, dígale a su mamá que, gracias a sus consejos, me matriculé en la maestría y me gradúo ahora en junio". Ese alumno estaba estudiando el bachillerato ya luego de sus cuarenta años y solamente quería terminar ese grado como una meta personal. Sin embargo, en una conversación que tuvo con mi madre, ella le hizo ver que ya él contaba con las herramientas, la disciplina y la mentalidad que se necesita para estudiar y terminar. Así que, ya que había regresado a la universidad para cumplir con su meta académica de juventud de culminar su bachillerato, ahora podía proponerse y alcanzar una meta académica de adultez madura y estudiar una maestría en la disciplina que él escogiese.

Para ese alumno, esas palabras fueron la validación que necesitaba y la invitación perfecta para dirigir sus esfuerzos académicos a estos nuevos horizontes. Muy emocionado me contaba cómo había terminado su bachillerato y que de inmediato, sin pensarlo mucho, se matriculó en la maestría y ya estaba a unos meses de terminarla. Él identificaba esa conversación con mi madre, esas palabras de validación oportuna, como el punto crucial en el que se permitió a sí mismo contemplar la idea de continuar estudiando y ultimadamente comprometerse a hacerlo.

Al comienzo de un curso de negocios internacionales, cuando le pido a los alumnos que se presenten y nos cuenten por qué han seleccionado la disciplina que escogieron, una estudiante nos dijo al grupo, "Pues, yo tengo un bachillerato en química y trabajo en una farmacéutica. Mi interés en este segundo bachillerato en Negocios Internacionales es para desarrollarme a nivel administrativo en mi línea de trabajo". A mí siempre me encanta cuando tengo estudiantes que vienen de otras disciplinas porque enriquecen el intercambio educativo del curso. Por eso es que, en los conservatorios de música, por ejemplo, sin importar el instrumento que escoja cada estudiante, todos tienen que pasar por la experiencia de estudiar piano para que al menos sean proficientes en dos instrumentos.

Aplicando eso a mi alumna de química, desde que supe que ella era de esa concentración, le pedía de continuo que extrapolara los conceptos de la fuerza intramolecular, la electronegatividad de los elementos, las covalencias de los enlaces, entre otros, a lo que estábamos aprendiendo sobre las estrategias de negocios internacionales. Al comienzo, la joven me decía, "Pero profe, es que eso no tiene nada que ver", a lo que yo le respondía, "Piense en lo que tiene que suceder entre los elementos para que acepten entrar en el negocio de compartir electrones y a cuál grado de covalencias y luego véalo como una metáfora para lo que tiene que ocurrir para que un emprendedor de Puerto Rico logre establecer un contrato de franquicia con otro emprendedor en Latinoamérica...y sorpréndame con su análisis".

Luego de varios cursos conmigo, la joven me escribió un día con la siguiente solicitud, "Profesor, creo que me gustaría estudiar derecho. ¿Usted me haría una de las cartas de recomendación que me piden?". De inmediato me senté a escribir sobre mi alumna y cómo hilvanó su disciplina de química con negocios internacionales. Escribí pausadamente esa carta, resaltando las virtudes intelectuales y la manera que ella elevaba la conversación en el equipo de estudiantes cada trimestre. Cuando se la envié, ella me escribió, "¡Wow profesor! Yo no sabía que usted pensaba tan alto de mí. Ahora no lo puedo hacer quedar mal en la escuela de derecho".

En otra ocasión, una alumna proveniente de Suiza me escribió, "Profesor, gracias al curso que tomé con usted de emprendimiento social, ahora estoy junto a mi esposo y unos amigos organizando un esfuerzo de responsabilidad social corportiva entre las distintas entidades que representamos". Esa estudiante tuvo la creatividad de juntar sus conocimientos de programación y negocios internacionales con los de su esposo en medicina para reconciliarlos con los de otros colaboradores en diversas industrias con el fin de diseñar soluciones de salud comunitarias.

*****

He aprendido a lo largo de mi vida observando a mis padres, Mario y Matilde, en sus múltiples interacciones con sus alumnos y en nuestro emprendimiento familiar de MusiFeliz, que mi tarea principal como educador es anclar el aprendizaje en el júbilo de la experiencia educativa. El gozo en el aprendizaje se traduce en sanidad educativa. Por eso, aspiro a que todo alumno que pase por mis clases robustezca su salud educativa, y si su historia académica ha sido accidentada, que sea sanada desde mi clase en adelante.

Todos hacemos grandes hazañas por cosas que nos produzcan un gran gozo. La promesa de que disfrutaremos mucho algo nos hace destinar nuestras reservas de energía para esforzarnos y conseguirlo. Pienso en el gozo en mis clases como el alimento para el espíritu estudiantil de mis alumnos, servido en unos platos que se llaman contabilidad, finanzas, economía, comunicación intercultural, estrategia de negocios internacionales, principios de exportación, fundamentos de gerencia, cultura emprendedora, métodos cuantitativos, entre otros.

Cuando alguien tiene un gran gozo puesto delante de sí, se disciplina, se programa, se concentra, se autoregula, se aploma, se templa, todo por conseguir esa gran alegría que tiene a su alcance. Todas estas virtudes son amigas del aprendizaje y por lo tanto me conviene que mis alumnos vean mi clase como fuente de ese gozo estudiantil. Cada semestre voy depurando, afinando, mejorando y elevando mi práctica, como cuando uno se compromete a pulir la pieza "Flight of the Bumblebee" de Rimsky Korsakov. Una pieza de esa velocidad hay que estudiarla despacio, fijar el dedaje, comprender el movimiento de las frases, saborear cada compás, meditar en la progresión cromática de las notas hacia arriba y hacia abajo, imaginarse la melodía moviéndose en tres dimensiones, aparte de "hacer los dedos" para tocarla…todo para que cuando se toque a la velocidad intensionada por el compositor, la misma salte de los dedos acertando cada nota en el instrumento y suene bien articulada.

En una ocasión, el sabio anciano de la industria de seguros de Puerto Rico, don Humberto Torres, me dijo que su meta principal a lo largo de su carrera profesional la recogía en la siguiente frase: "Elevar el profesionalismo dentro de la industria de seguros en

Puerto Rico". Yo era el presidente de la Asociación de Estudiantes de Finanzas y lo visité en diversas ocasiones para entrevistarlo y coordinar conversatorios con él en la universidad. En esas tertulias en su oficina, don Humberto me explicaba que para él era igual de importante que su agencia de seguros creciera y que su competencia también.

Yo levanté las cejas cuando me dijo eso, a lo cual él procedió a explicarme su lógica: "Mira Alejandro, si yo estoy en una industria en donde lo que hay es 'chapucería', me va a dar más trabajo que el cliente confíe en mí por tanto mal rato que habrá pasado con mucha otra gente. Así que, me conviene que no solo yo, sino que todos los demás que estemos en esto en Puerto Rico nos movamos a una altura de estándares que el mercado reconozca y estime". Por lo tanto, por décadas don Humberto se ha dedicado a diversidad de esfuerzos de educación contínua y creciente porfolio de certificaciones, simposios, conversatorios, asociaciones, entre otros, con el fin de, en sus palabras, "elevar la industria de seguros en Puerto Rico".

Como estudiante, me llamó la atención que un anciano exitoso en su emprendimiento tuviese esa conciencia de responsabilidad con sus competidores. Aquellas tertulias que tuve con él sentado en su oficina y tomando notas en mi libreta me invitaban a desarrollar un sentido similar en lo que fuera que yo terminase haciendo en la vida con lo que estaba estudiando. Cuando alguien logra que sus hijos, hijas, yernos y hasta nietos trabajen con él gustosamente, hay que escuchar a ese ser humano.

Hoy como profesor, tengo frente a mí a mis santos alumnos quienes llegan a mis manos en su entrenamiento para unirse a las filas del ejército de emprendedores locales e internacionales de Puerto Rico. Aplicando lo aprendido con don Humberto, aspiro a que estos jóvenes se lleven de nuestra experiencia compartida en el salón el compromiso de elevar nuestra práctica de emprendimiento e innovación internacional puertorriqueña mediante la construcción de relaciones sanas, constructivas, de altura, de celebración de unos por los otros, del buen compañerismo. Es decir, yo quiero que mis santos alumnos aprendan que el secreto para hacer mejores productos se encuentra en cómo nos tratamos, nos inspiramos y nos levantamos unos a otros.

Para eso, establezco la tónica abordándolos con la convicción de que son estudiantes de A. Implícitamente concurrimos en el acuerdo no escrito de que entre ellos se tienen que tratar con la misma disposición, paciencia, comprensión, empatía, cuidado, tacto y compañerismo con el que yo los trato. Aspiro a que cada semestre, trimestre, bimestre, verano e intensivos, la práctica de estudiar de mis santos alumnos quede elevada por haber pasado por mi salón.

La mejor evaluación de mi desempeño como profesor, me la dio en una ocasión la madre de uno de mis alumnos. Ellos se habían esmerado en preparar un panel de emprendedores puertorriqueños y organizaron una actividad concurrida a capacidad en el salón de usos múltiples de Inter Metro. Yo siempre les digo a mis estudiantes que tienen que invitar a sus padres a estos eventos, porque ellos son quienes los han apoyado en su gestión de estudio universitario, además de en todo lo demás en la vida. Así que, "…el primero que voy a llevar a los míos a la actividad de ustedes soy yo", les digo.

Cuando llegó el día de la actividad, una de las madres de uno de mis alumnos se me acercó. La dama había viajado desde Estados Unidos para ver este evento especial que su hijo y sus compañeros habían preparado con tanto esmero. Mi alumno recibió un mensaje de texto y me dijo, "Profesor, vengo ahora que mi madre llegó al vestíbulo". Minutos más tarde, entró con su madre del brazo y me la presentó. La señora me dio un fuerte abrazo y con lágrimas en sus ojos me dijo, "Profesor, gracias por tratarme bien a mi hijo".

ACERCA DEL AUTOR

El Dr. Alejandro Ríos Cintrón es un educador apasionado por el Aprendizaje Feliz. Inspirado por el amor al aprendizaje continuo en el que su padre y su madre, los doctores Mario Ríos y Matilde Cintrón, alfareros, músicos y educadores le instruyeron a él y a su hermano Lucas, ahora Alejandro llena de creatividad las experiencias educativas con sus estudiantes de contabilidad, finanzas, y emprendimiento internacional, lanzando siempre la pregunta a sus alumnos:

"¿Qué te vas a inventar?"

Made in the USA
Columbia, SC
06 August 2024